南京是座博物馆

嵇刊 编著

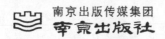
南京出版传媒集团
南京出版社

图书在版编目（CIP）数据

南京是座博物馆 / 稽刊编著 . -- 南京：南京出版社，
2022.6

ISBN 978-7-5533-3714-2

Ⅰ.①南… Ⅱ.①稽… Ⅲ.①博物馆－介绍－南京 Ⅳ.
① G269.275.31

中国版本图书馆 CIP 数据核字 (2022) 第 080940 号

书　　名：南京是座博物馆
策　　划：许文勇
编　　著：稽刊
出版发行：南京出版传媒集团
　　　　　南 京 出 版 社
　　　　社址：南京市太平门街53号　　　邮编：210016
　　　　网址：http://www.njcbs.cn　　　电子信箱：njcbs1988@163.com
　　　　联系电话：025-83283893、83283864（营销）　025-83112257（编务）

出 版 人：项晓宁
出 品 人：卢海鸣
责任编辑：孙前超　周　莉
封面设计：汤　婧
装帧设计：赵晋锋　蒋雪南　蔡越强
图片摄影：吴　宇　刘成贺

印　　刷：南京大贺开心印商务印刷有限公司
开　　本：889毫米×1194毫米　1/16
印　　张：18.75
字　　数：284千字
版　　次：2022年6月第1版
印　　次：2022年6月第1次印刷
书　　号：ISBN 978-7-5533-3714-2
定　　价：85.00元

用微信或京东
APP扫码购书

用淘宝APP
扫码购书

序

　　《江苏科技报》的记者嵇刊等同志利用采访之便撰写了一本《南京是座博物馆》的大著，该书策划兼主编许文勇同志邀请我为该书写一序言，这让我有机会先行阅读了尚未出版的书稿。这本书收录了南京42座博物馆的资料，共分三章，分别是第一章"探秘科学，遇见未来"，主要收录21座自然科学主题类博物馆；第二章"品读文化，修心之旅"，收录了10座文化主题类博物馆；第三章"感悟历史，鉴往知来"，收录了11座历史主题类博物馆。其中有的博物馆早已闻名遐迩，如南京博物院、侵华日军南京大屠杀遇难同胞纪念馆、南京民间抗日战争博物馆、南京民俗博物馆等；但是其中也有部分博物馆还鲜为人知，如中华指纹博物馆、江苏药学博物馆、江苏铁路教育馆、南京税收博物馆等。这正体现了本书独特的价值：使那些"养在深闺人未识"的特色博物馆能够让更多的观众知晓，以推动博物馆走向社会，发挥作用，实现使命。

　　在阅读书稿的时候，我想起了1997年我们在南京市文化局局长谭跃同志支持下所做的一项工作。当时我们对南京全市的博物馆开展了一次摸底调查，获知有各类博物馆70多座，大体可分为社会历史类、纪念馆类、古代遗址类、艺术类、自然类、科技类、园囿类七个类别，体现了南京市域博物馆事业的重要成就。后来我们在这次调查的基础上完成了《南京博物馆巡礼》一书的编撰和出版。转眼间已经过了20多年，南京市的博物馆事业已经发展到一个新阶段和新水平，博物馆数量有了大幅增加，博物馆类型也更加丰富，加之国家和人民对博物馆的地位、作用、内涵、质量等都有了更高的认识和需求，因此，非常有必要对南京的博物馆做出新的调查和研究，并将成果奉献给社会。《江苏科技报》的许文勇、嵇刊等同志的这本书正适应了时代的发展需求，在此对该书的即将出版表示祝贺！也对所有参与编写的同志所付出的劳动表示敬意！

据我所知，南京的博物馆事业起步于20世纪初，而且一开始就高度重视自然与科技类博物馆建设，这表明当时的建设者是抱着"科学救国""教育救国"的理念而推动博物馆事业的。如1916年，南京设立了地质矿产陈列馆（今南京地质博物馆）；1928年建立国立中央研究院天文研究所（今紫金山天文台天文仪器陈列馆）；1933年成立国立中央博物院筹备处（今南京博物院），内设人文、工艺、自然三大馆，但后来正式完成的仅有规模宏大的人文馆，它也成为今日南京博物院的基础。

毫无疑问，南京的博物馆事业主要是在新中国成立以后特别是改革开放以来才取得巨大成就。除本书收录的42座博物馆之外，南京还有40多座博物馆未被收入本书，如同样是在全国具有很高知名度的中国近代史博物馆、六朝博物馆、南京明城垣史博物馆、中国科举博物馆、渡江胜利纪念馆、明孝陵博物馆、东晋博物馆、雨花台烈士纪念馆、南京市博物馆等。为此，我建议《江苏科技报》的同志们可以继续努力，今后在本书的基础上再完成一本续集，以全面反映南京博物馆事业的成就，也为国内外游客提供一份南京地区博物馆的参观与学习指南。

回看历史，近代公民共享性的博物馆设施作为保存和传播优秀传统文化的重要载体和场所，诞生于17—18世纪的人类现代化事业进程中。如1682年，人类历史上第一个具有近代意义的博物馆——英国牛津大学阿什莫林艺术和考古博物馆开馆，此后许多著名博物馆陆续建成开放，其中 1753 年建成的英国不列颠博物馆和 1793 年 8 月 10 日由巴黎卢浮宫改建的法国卢浮宫艺术博物馆对社会开放影响尤大。与西方国家相比，中国具有近代意义的公共博物馆事业起步较晚。1905 年，由晚清状元、江苏南通的民族实业家张謇创办的我国第一个面向公众的综合性博物馆——南通博物苑建成。当时的南通博物苑包括博物馆、植物园和动物园，具有融文化遗产与自然遗产于一体的办馆理念和追求。张謇先生认为中国要振兴，一是靠教育，二是靠实业，他把博物馆视为现代教育机构。近年来，我国博物馆事业突飞猛进，博物馆已经成为一座座城市的"文化客厅""文化地标""文化圣殿"和"文旅景区"，履行着遗产保护、文化传承、科学教育、艺术欣赏、知识普及、文旅融合、市民游憩等各种功能，为国家精神文明建设及现代化建设承担起重要且独特的责任。

5 月 18 日是国际博物馆日，今年的活动主题是"博物馆的力量"，当时我写了一篇小文，叫《什么是"博物馆的力量"？》，我列了八个方面的"力量"，现在我把这篇小文的主要内容表述于下，以与本书的作者、编者、读者一起思考：博物馆究竟给我们提供了什么意义和力量？

第一是"文化的力量"。习近平总书记说："文化兴国运兴，文化强民族强。""没有高度的文化自信，没有文化的繁荣兴盛，就没有中华民族伟大复兴。"而博物馆是文化展示的殿堂，是文化记忆的圣地，是文化集聚的场所，是文化特色的地标，是文化多样的表达，是文化丰厚的见证，是文化自信的泉源，是文化创新的动力。

第二是"教育的力量"。习近平总书记说："一个博物院就是一所大学校。"17 世纪 80 年代，现代博物馆产生于人类现代化的进程中，而最早的博物馆就是出现在大学里，它成为现代教育的重要机构。1905 年张謇先生创办的我国第一个公共博物馆"南通博物苑"对外开放，其创建主旨也包含着教育的目的。在国际上，都公认博物馆具有重要教育职能，属于重要的教育场所。我国教育部和国家文物局2020年发布《关于利用博物馆资源开展中小学教育教学的意见》，同样要求将博物馆青少年教育纳入课后服务内容。

第三是"知识的力量"。近代实验科学的创始人培根说过"知识就是力量"。新中国的开国元勋、改革开放和现代化建设的总设计师、中国特色社会主义道路的开创者邓小平同志说过"科学技术是第一生产力"。而丰富多彩的博物馆恰恰收藏、展示、传播着从自然科学、社会科学到人文科学的各种知识，可谓是知识的宝库。

第四是"科学的力量"。博物馆最重要的功能之一就是科学研究。科学传递智慧，科学助长本领，科学激发创新，科学振兴国家，科学服务人类。博物馆的科研成果反映在方方面面，可以说没有一流的科学研究也不可能有博物馆高质量的收藏、陈列与教育。博物馆的科研力量是国家和地方科学体系中不可分割的重要组成部分。

第五是"旅游的力量"。博物馆各具特色，各有魅力，其丰富的内涵、优美的建筑、诗意的环境、高雅的艺术、周到的服务，对所有人都充满吸引力，因此它是青春永驻的海内外游客的旅游胜地。今天，许多著名博物馆都是驰名中外的旅游网红地，对促进城市和乡镇文旅融合及文化交流发挥着巨大作用。

第六是"民生的力量"。博物馆是履行公共文化服务、实现文化权利公正、助力共同富裕目标的重要机构。一个有一流博物馆的城市才是一个有着感恩、高雅、艺术、魅力的城市。广大人民在博物馆中感知历史、分享文化、接受教育、增长知识、体验文明，从而会更加热爱祖国和乡土，提升生活品质和质量，认同文化根脉和情感。

第七是"收藏的力量"。我们经常说，历史是有情的也是无情的，"有情"在于它创造了当今，"无情"在于它已经消逝在时光的长河中，而博物馆就是让历史"常驻"的地方。博物馆收藏了"过去",让我们恢复记忆,重温历史,感恩先人,不忘初心;博物馆让"有情"和"无情"交汇,熔铸人间温情。为此,我们才说,博物馆最重要的功能是"收藏",它最强大的力量也来自收藏。它不仅"收藏过去",也为未来"收藏今天"。

第八是"历史的力量"。历史是最好的教科书。历史保存到今天的就是"遗产"形态。博物馆作为人类收藏、研究、展示文化遗产和自然遗产的专业机构与文化空间,它的使命就是让历史照亮未来,让历史走进现代,让历史丰富生活,让历史昭示人心,让历史创新知识,让历史促进发展,让历史连通世界。这些当然展现的就是博物馆的力量!

最后,我希望南京市及全国的城乡各地能够建立更多的优秀博物馆。据资料显示,当今法国和美国大约每1万人拥有一座博物馆,德国和荷兰每1.6万人拥有一座博物馆,我国目前是30多万人拥有一座博物馆,可以说,我国的博物馆建设事业还任重而道远。随着我国社会主义现代化事业的发展,相信我们的人民需要更多的高质量博物馆,以满足物质文明、政治文明、精神文明、社会文明、生态文明建设的多重需要。

是为序!

2022 年 7 月 31 日
于南京大学大美楼

（作者系全国政协委员,南京大学历史系教授、博士生导师,南京大学文化与自然遗产研究所所长）

目录

第一章 探秘科学，遇见未来

中华指纹博物馆

小指纹里蕴含大奥秘

人类的身上有一样东西，是永远独一无二的，它就是指纹。指纹上到底有什么样的奥秘呢？在江苏警官学院浦口校区内，就藏着一座『指纹博物馆』：在1000多平方米的展区内，通过一万余件珍贵展品、图文和场景复原等载体，多视角、全方位地展现了中国指纹文化的发展轨迹。在这里，指纹不仅仅是警察破案的利器，还是破解人体秘密的『密码』……

▲中华指纹博物馆序厅

指纹透露你的生活方式

"每一个人的指纹纹路都不一样，就因为它不变，所以可以用指纹作为鉴定人身份的标志。"中华指纹博物馆负责人介绍。透过指纹，能够很轻易地发现一个人的性别、年龄和生活方式，比如有什么饮食喜好、是否吸烟、平时的生活区域等，都可以通过指纹反映出来。

每个人的指纹都是与生俱来的，还在出生前的胎儿时期就已经成形了。在博物馆近千件的藏品中，最醒目，也最让人震惊的，是一个只有4个月大的胎儿标本。就是这样一个刚刚成形的胎儿，手足皮肤的乳突线就已经开始生长发育了。待到6个月时，随着手脚发育完全，胎儿的手足掌面便长满了乳突线，形成乳突花纹结构，进而形成完整的手掌面上的皮肤花纹。当人渐渐长大的时候，指纹的线路也开始变得粗和密集。只要人的皮肤在，指纹就不会消失，即便死亡，也还有尸纹，任何人都无法摆脱。

▲高真空镀膜机能清晰显示指纹效果

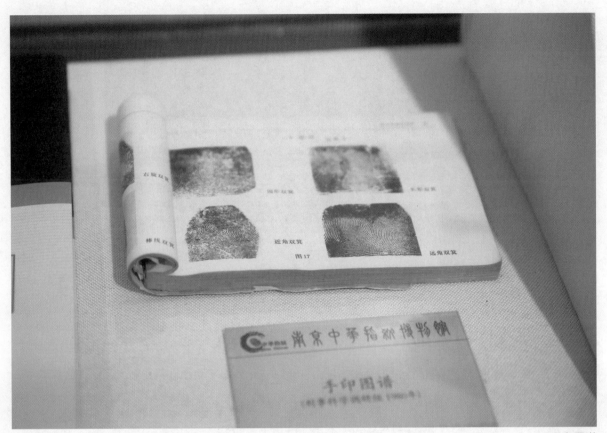

▲手印图谱

　　那么，指纹又怎么会透露出一个人的生活方式呢？原来，手指头的皮肤里有汗腺，汗液通过汗腺导管将人体新陈代谢的废弃物输送到汗孔，然后排出体外。在手指上，汗孔分布在凸起的乳突线上，分泌物在这条线上，当你碰到某个物体时，接触到乳突线的地方就会留下汗液，继而留下指纹纹路形态。所谓指纹泄露生活方式，其实是因为汗液泄露了你的生活方式。比如你这段时间经常吃咸的食物，汗液里面氯化钠含量就高，这就可以反映出你个人的饮食习惯。但汗液里面的成分量非常小，所以要通过特殊的仪器进行鉴定。曾有人专门做过调查，不同地区人的汗液分泌量和物质是不同的，比如西部人就比南部的人汗液含盐高，从而可以判断人的生活区域。

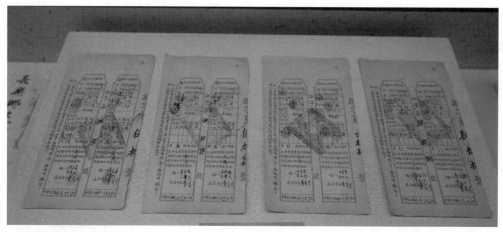

▲民国时期印有指纹的婚书

指纹，永不失误的证明形式

因为从未发现有相同指纹的两个人，因此指纹被专家称为"永不失误的证明形式"。中国的指纹技术运用至今已有5 000余年历史，世界著名指纹学专家、德国人罗伯特·海因德尔在他的著作《世界指纹史》中，就用大量的篇幅证明了中国是最早运用指纹的国家之一。这也被近代考古研究所证明：中国的指纹运用，最早可以追溯到西周之前。

在馆内，出土于青海柳湾墓地属马家窑文化时代的人面纹彩陶壶上面的花纹最早被当成"螺旋纹"，经专家研究，证明这由8圈螺旋纹，再加上底部两个对称的三角纹组成的"螺旋纹"图画，是一枚完整的右手拇指斗形纹指纹图，从而一下把我国对指纹的运用提早到了5 000年前。

如果说我国早期的指纹运用还主要是原始的艺术再现的话，那么秦汉时期指纹就已经开始成为个人的标记使用了，而这种使用到了唐代更上升到了法律形式：唐高宗永徽二年（651年）颁布的《永徽律》，明确规定指纹是一种身份识别特征。博物馆内用图片和复制实物展示了大量发现于敦煌和新疆吐鲁番等地的唐代契约文书证明，如1959年新疆米兰古城出土的印有四个红色指印的唐代藏文契约、1964

年新疆吐鲁番出土的用全手掌印画押的唐代遗言文书等，不但证明了指纹在中国的运用，更从一个侧面反映了当时的社会经济、政治生活。

读懂指纹，能破案还能"识人"

指纹可以破案，是因为指纹和掌纹本身就能告诉我们很多嫌疑人的信息。而最早把指纹、掌纹运用在破案中的，也是我们的祖先。

在展厅中，一张从湖北云梦睡虎地秦墓出土的竹简拓片上面，一篇名为《穴盗》

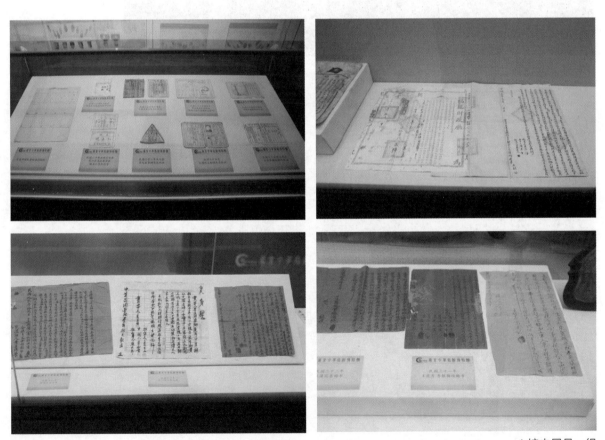

▲ 馆内展品一组

▲湖北云梦睡虎地秦墓出土的竹简

的文章，记录着对一个盗窃现场的描写。文中提及盗贼在现场留下了"手迹（手指印）六处和履迹（脚印）四处"。正是由于这十处痕迹，县令得以迅速破案。数千年前的那一桩典型案件，让我们看到了指纹、手印在破案中的成功运用与重要作用。

另外，《宋史·元绛列传》也清楚地记录了一个运用指纹技术破案的生动案例：富户龙聿伪造契约，图谋霸占别人良田。由于契约上有原土地主的指印，当事人虽先后诉于县、申于州，但全都败诉。是元绛发现契约上虽然指纹是当事人的，但却是指纹在下，笔墨在上，显然是龙聿利用当事人其他契约的后半部伪造了这份契约，从而迫使龙聿当庭将土地原物归还。显然，当时人们不但能辨别指纹，而且具有了辨别痕迹覆盖的能力。

凭借指纹，还能够判断人的年龄。在现如今的专业设备下，指纹就像一幅图画，刑侦专家们读懂了这幅画，它的主人形象也就基本上出现了。如果能提取到掌纹，还可以计算出这个人的身高。

指纹告诉你是不是体育人才

除了破案，令人称奇的是，指纹甚至还能帮助选拔杰出的体育人才。博物馆内还专门陈列了河南省体育科研所研究人员邵紫菀的研究成果《皮纹与选材》，并收集了大量体育明星的掌印和指纹。据邵紫菀研究，人手掌纹的 ATD 角越小（根据手掌纹理，食指下方一点为 A，小指下方一点为 D，手掌下部一点为 T，三点形成的夹角即为"ATD 角"），人越聪明，协调性越好。根据邵紫菀团队制定的指纹考量体系，他们先后选出了 79 名体操运动员，经过一番锻炼之后，这批运动员的成绩都超过了亚洲运动员的平均水平。

其实，国际上也有人将人手的皮肤纹理作为选才依据。根据资料显示，短跑运动员通常具有图案极其简单的指纹，且指纹中的线条也非常少；需要良好的身体协调性的运动项目如摔跤、拳击、自由式滑雪等的选手，他们的指纹则往往具有复杂的图案和繁多的线条；而指纹图案简单、线条数量较少的指纹通常表示人的力量很大，但耐力和动作协调性较差等。

▲唐代的贷银钱契（复制品）

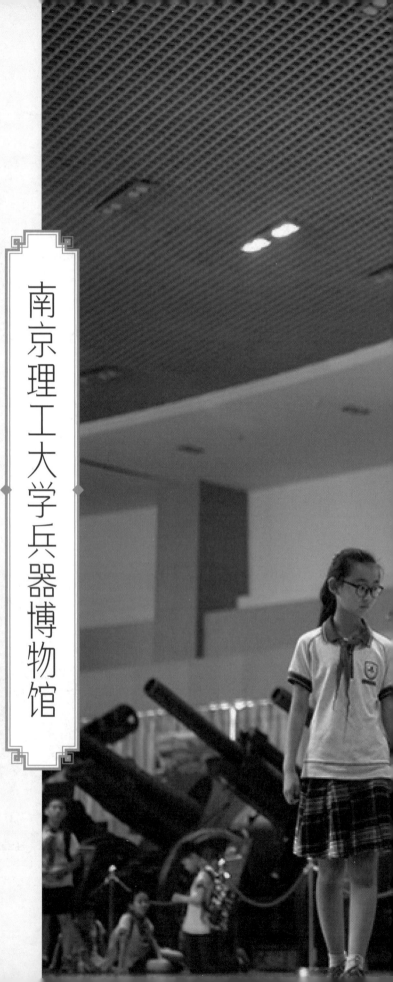

南京理工大学兵器博物馆

紫金山下的『火炮乐园』

南京理工大学兵器博物馆始建于二十世纪末，总面积约二〇〇〇平方米，博物馆以珍贵的展品、丰富的内涵和独特的视角帮助参观者了解兵器发展史，普及军事知识，增强国防意识。

博物馆经过数十年的持续建设，珍藏了一大批武器装备，囊括了火炮类、轻武器类、引信类、军事通讯和光学器材类等诸多门类。

▲部分展品　11

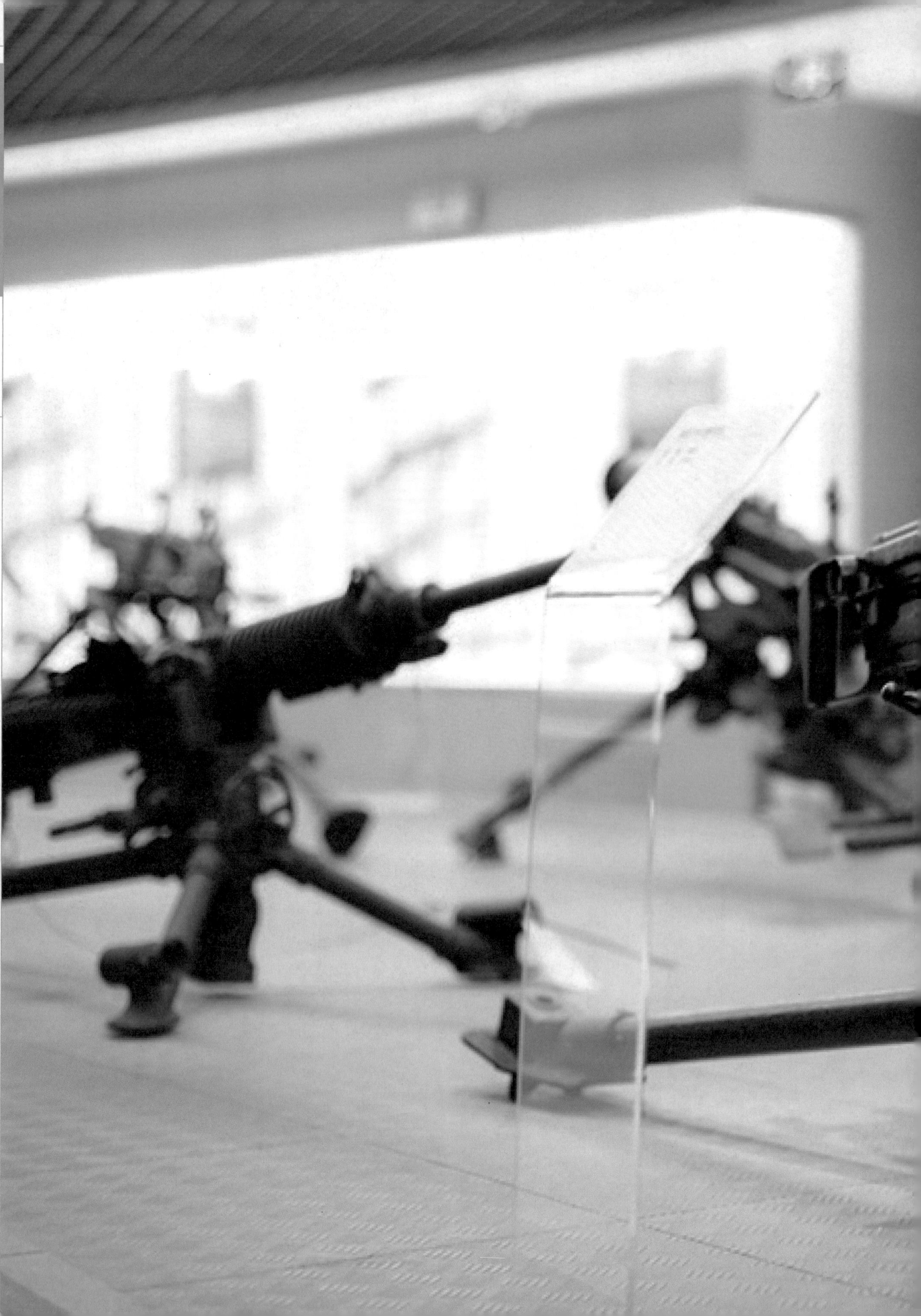

▲兵器博物馆的枪械展厅

▲ 89 式反坦克炮（左二）

▲兵器博物馆外景

反坦克炮弹能击穿半米厚钢板

兵器博物馆采用中心展厅加回廊的整体结构，中心展厅为半圆形，圆心位置摆放着 89 式 120 毫米自行反坦克炮、"晋造 150"火炮和 C611 反舰导弹，这三样可是镇馆之宝。这里每一样藏品的背后都有着自己的故事。

"这可不是一辆坦克，而是反坦克自行火炮，是用来打坦克的，它所发射的炮弹的口径达 120 毫米，且炮弹飞出去的速度能达到 1.7 千米每秒。"讲解员所指的就是这台"89 式 120 毫米自行反坦克炮"，由于体积太大，当时只能直接开进了兵器博物馆。

反坦克炮的原理其实就是"矛穿透盾"，要求自行反坦克炮的炮弹必须满足"三高"，即高硬度、高韧性、耐高温，只要在 2 000 米内的目标物都逃不过这台反坦克炮"之手"，这三个参数都必须强于坦克，才能穿透坦克。速度越大，动能越大，所以炮弹飞出去可以穿透 0.5 米多厚的钢板，且要在不爆炸的情况下把钢铁熔化，破坏及毁伤坦克内部人员和设备。

▲ "晋造150" 火炮

扑朔迷离的"晋造150"火炮

　　兵器博物馆的另一件重要藏品是一门150毫米口径的重榴弹炮，于二十世纪三十年代中期由太原兵工厂生产，由于没有正式名称，于是博物馆按照产地和口径将其命名为"晋造150毫米榴弹炮"。

晋造150毫米榴弹炮的历史，可以追溯到"九一八"事变后，目前能够找到的相关资料非常少。从实物来看，这门晋造150毫米榴弹炮的加工工艺十分精细，使用横楔式炮闩，高低射界为-5°~65°，从外形上看虽然类似于德国SFH13式150毫米榴弹炮，但是晋造150榴弹炮在身管上方增加了复进机。

▲反坦克火箭炮

17

▲ "喀秋莎"火箭炮

射程可达 7 千米的 "喀秋莎" 火箭炮

讲解员介绍："馆内有两门火箭炮曾立下赫赫战功，是从抗美援朝战场上光荣退役的。"

其中一台"喀秋莎"火箭炮看上去很有气势。"喀秋莎"这个名字是苏联战士们起的，因为其操作方便、威力又大，战士们就给它起了一个能歌善舞的美丽姑娘的名字——"喀秋莎"，它可以同时安装 16 发炮弹，在 11~15 秒内就能全部发射完，射程可达 7 千米。

C611 反舰导弹能轻松击沉驱逐舰

　　展厅一角，一枚体积庞大的导弹非常夺人眼球。"这枚导弹名叫'C611 反舰导弹'，专门用来打击海上军舰。导弹长约 10 米，从前往后依次装有雷达、炸药和燃料，最上面的两个'耳朵'则用来挂在飞机上，只要一松钩，导弹就会自己启动雷达，搜索目标飞行。"讲解员介绍。

　　除了火炮展厅，兵器博物馆二楼的枪械展厅还展出了数百支古今中外的枪械，分为手枪、步枪、高射机枪、重机枪等展区；弹药及引信展厅则分为引信、榴弹、火箭弹、穿甲弹、航空弹等展区，展示引信 272 类、各种弹体 500 余个。这些藏品，都等待着人们慢慢去发现它们背后的故事。

▲ C611 反舰导弹

南京航空航天博物馆

一架飞机，一段历史，一个故事

博物馆，是聚集智慧的殿堂。星空，大地，生物，海洋，科技……这一切皆能让人们开启一座通往新世界的大门，而湛蓝的天空和浩瀚的宇宙则更能激发人们的好奇心和创造力。让我们不妨一起走进南京航空航天博物馆，探秘人类为实现飞行梦想所做的努力。

作为省级科普教育基地的南京航空航天博物馆，坐落在南京航空航天大学明故宫校区，在南航数十年的教学科研过程中，航空航天馆积累了大量的珍贵藏品，其中一部分展品为全国独有，具有极为宝贵的研究和观赏价值。

▲南京航空航天博物馆全景

▲ UH-1H 直升机

南航的骄傲——长空一号无人机

在中央展厅的核心区域，有一架大型无人机格外引人注目，它就是——长空一号大型无人机。二十世纪五十年代，我国从苏联进口了一批拉-17无人靶机，供部队进行作战训练。后由于苏联取消援助、撤走专家，造成拉-17的严重缺失，于是我国决定自行研发无人靶机，长空一号由此诞生。

长空一号机身细长呈流线型，机翼平直，属于大型喷气式无线电遥控高亚音速飞机，可供导弹打靶或防空部队训练，而经过适当改装还可执行大气污染监控、地形与矿区勘查等任务。长空一号的研制成功，迈出了我国在大型无人机研制方面的第一步，在我国无人机研制领域具有举足轻重的意义。

▲长空一号无人机

▲ "延安2号"轻型直升机

延安2号——我国首架自主设计的直升机

  停放在长空一号无人机旁边的是一架"延安2号"直升机，它虽然貌不惊人，但对于我国直升机工业具有十分重要的意义。该机是我国第一架自行设计并试飞成功的轻型直升机，由南京航空航天大学、西北工业大学和湖江机器厂共同研制完成，从1965年开始设计，1967年完成全机静力试验，1975年9月4日首次试飞成功。"延安2号"体积小，操纵简便可靠，振动较小，舱内噪音低，飞行稳定性和操纵性好。

  作为二十世纪六十年代的机型，"延安2号"在设计中采用了当时各项先进技术，比如机身座舱、舱门及过渡段蒙皮均采用复合材料结构，平尾及尾桨也采用了复合材料，后又将金属桨叶改为复合材料桨叶。特别是"延安2号"在旋翼桨叶固有特性测量和桨叶耦合振动的设计方面达到了较高的水平。

  "延安2号"可用来执行侦察、巡逻和通信联络等任务。应该说，"延安2号"直升机的研制成功为全面提高我国直升机研制水平起了积极促进作用。

体积最大的歼-8原型机

南京航空航天博物馆收藏的体积最大的整机是一架歼-8型战斗机。关于歼-8战斗机，相信不少人早就耳熟能详。

南京航空航天博物馆收藏的这架歼-8是当年进行试飞的三号原型机，机身编号为055，由中国试验飞行研究院于1992年4月份赠送给南京航空航天大学，因此具有极其珍贵的价值。

与歼-5、歼-6、歼-7等机型不同，歼-8给人的第一感觉就是"大""长"，它的身躯比美国F-15战斗机还长2米多。如今，随着我国新型战斗机的大批服役，保卫祖国领空20多年的歼-8也逐渐退出了我国空军装备序列。对于这一功勋战机，我们不由得也默默地向它致敬。

除了飞机，南京航空航天博物馆还收藏了数十台各类航空发动机，其中也不乏珍品。此外，还有大量飞机零部件及部分残骸，如罕见的强-5鱼雷攻击机、B-29重型轰炸机的机翼翼梁部件，这里的每一件展品背后都有着自己的故事，它们共同构成了一个航空爱好者所向往的圣地。

漫步在南航充满人文气息的校园内，远眺雄伟的钟山，嗅着仲夏的花香，看着眼前这一架架曾经叱咤长空的钢铁雄鹰，心中的爱国自豪感油然而生。

▲歼-8原型机

▲各种航空发动机陈列

南京地震科学馆

探索地震的奥秘

地震,是一种破坏性极强的自然灾害,被列为群灾之首。那么,当地震来临时如何自救?采用AR技术实现的地震是什么样的体验?世界上最大的地震仪长啥样?在南京地震科学馆里,你都可以找到答案。

南京地震科学馆位于树木葱郁、景色秀丽的南京中山陵景区,依托于南京地震基准台而建,在这里,可以看到人类对地震的认识与研究过程,可以知晓地震的百科知识,了解地震孕育、发展的过程,探索地震前的点滴征兆……

▲ "镇馆之宝" 维歇尔地震仪

▲馆内珍藏了许多"功勋"地震仪

体重巨大但异常敏感的"巨人"

人类很早就对地震活动开始了探究，公元138年2月28日（东汉顺帝永和三年二月初三），位于洛阳的张衡地动仪成功报告了中国历史上著名的震级约为6.8级的"甘肃金城（今兰州）、陇西地震"。这是人类历史上第一次用观测仪器验证了破坏性地震的发生，开创了地震观测技术的先河，被誉为世界地震科学发展的里程碑。可以说，地震学的发展和测震仪器的发明密切相关，灵敏度越来越高的地震探测监测仪器不断改变着地震学的发展历程，仪器的演变也反映着地震科技的进步。

馆内仪器区有一台"简陋"的仪器，南京地震科学馆讲解员介绍："别看它结构简单，它的全称叫伽里津式垂直向地震仪，是1906年由俄国地震学家伽里津设计制成，是世界上第一台电磁式地震仪。它改变了以往惯性系测震仪的工作原理，使得监测能力与灵敏度大幅提升，奠定了现代测震学的科学基础，成为各国研制地震仪的原型。"

在馆内，有一样重量级的"镇馆之宝"不能不提，它就是德国著名地震学家维歇尔于1906年研制成功，并以他名字命名的地震仪。

维歇尔首次利用缓冲筒的小滞性阻尼，设计出了质量之空前绝后，也是当时最为先进的大型维歇尔地震仪。在千方百计提高仪器灵敏度的同时，他还成功解决了弹性震荡对地震仪器的干扰，首次实现了准确记录地面的真实运动。该仪器的成功研制，首次实现地震记录由定性描述到定量计算的转变，从而真正获得地震时空强度的准确信息，在地震仪器发展史上具有里程碑意义。

维歇尔地震仪全球一共只生产了3台，德国自己保留了一台，墨西哥购置了一台，还有一台就是馆内的这台。这一台是在时任中央研究院气象研究所所长竺可桢的建议下，从德国哥廷根市订购，在1930年底运抵中国南京北极阁地震台，1931年10月开始安装，1932年7月1日正式投入观测，1932年7月8日记录到第一个地震。同年12月25日记录到我国甘肃的昌马7.5级大地震。1937年因日本侵华战争爆发，仪器停止观测，其间共记录到地震达一千多次。抗战结束后，该地震仪于1947年整修并恢复记录，持续工作至今，是我国近代测震事业发展的重要见证。

虽然历经时代变迁的沧桑，但在几代地震工作者的精心维护下，这个体重17吨的"巨人"如今依然敏感：如果你对着摆锤猛吹一口气，金属笔尖就能在熏烟记录纸上记录到约0.5厘米的振荡波。

▲维歇尔地震仪记录的振动波

▲馆内一角生动形象地展示了地壳内部结构

AR 技术还原地震发生全过程

在馆内地震知识展示区，主要科普了地震分类、地震波传播、地震带分布等知识。此外，该区域还通过增强现实技术为参观者演示了各种地震的成因。

按地震成因可以分为构造地震、火山地震、陷落地震、诱发地震等。其中构造地震发生的次数最多，约占全球地震总数的 90% 以上，构造地震是由于地下深处岩石的破裂，把长期积累的能量急剧地释放出来而形成的，其波及范围大，破坏性极强。

1968 年，法国地质学家勒皮雄把地球的岩石层划分为六个大板块，即太平洋板块、亚欧板块、美洲板块、印度洋板块、非洲板块和南极洲板块，所有这些板块都漂浮在具有流动性的地幔软流层之上。随着软流层的运动，各个板块也会发生相应的水平运动，这种运动非常缓慢，一般会使巨大的岩石弯曲，当这种力量超过岩石的承受能力时，会造成岩层断裂，进而会以地震波的形式释放出来，所以说很多地震会发生在板块交接处。如日本、智利等国家频发地震就是亚欧板块和太平洋板块，以及太平洋板块和美洲板块之间的挤压造成的，板块构造学说虽然还不太完善，但相对科学地解释了地震的形成机理。

馆内一个叫作"地震离你有多远"的展项，利用 AR 技术逼真地还原了地震发生全过程。我们知道，地震波主要包含纵波和横波，而且横波与纵波的传播速度有差别，科学家可以根据当地感觉到的纵横波时间差大致估算出所处地方离震中的距离。此外，地震时纵波总是先到达地表，而横波总落后一步，当发生较大的地震时，人们通常会先感到上下颠簸，过几秒到十几秒后，才会感到有很强的水平晃动。这一点非常重要，因为纵波会给我们一个"警告"，告诉我们对建筑物破坏性更强的横波马上就要到了，我们可以利用纵波和横波到达地面的时间差做出科学及时的应对。

▲现代化测震模拟展示

地震精确预测还有待探索

"上天容易入地难"，由于地震发生在地下几千米到几百千米，现在我们对地震的了解十分有限，因此还不能精确地预测地震，正如地球物理学家陈运泰院士总结的那样：地下的"不可入性"、大地震的"非频发性"和地震物理过程的复杂性是地震预测面临的主要困难。

那么，地震是不是就无法预测了呢？地震发生时，地下岩体在地应力作用下，会引起震源及附近物质发生物理、化学等一系列的异常变化。我们可以利用现代地震监测手段观测到其中的一部分异常，通过对观测到的异常进行科学分析研究，就可以开展一定程度的地震预测实践。目前，地震的精确预测仍是世界性的科学难题，要想获得突破还需要我们几代人乃至几十代人的不懈努力。

江苏药学博物馆

马王堆女尸手里的『神秘』药材

它们曾见证时代的沧桑和变迁，也曾目睹中国药科大学的成长与繁荣，它们虽不是翡翠珠宝价值千金，却出入王侯将相市井人家……如今，这些『宝贝』穿越千年来到你身边，静静地躺在展窗中向人们讲述那些与『药』相关的故事。

中国药科大学药学博物馆经过几代人的不断收集、整理、扩建，现已发展成为国内医药院校中藏量较多的中药标本馆之一。

▲ 博物馆收藏的数千瓶天然药物标本

▲汉代马王堆出土药物展区

▲汉代马王堆墓葬出土的中药材

镇馆之宝的"神秘"药材

1972年1月，我国考古工作者在湖南长沙马王堆一号汉墓的随葬器物中发现了一些药物，那具千年不腐女尸——辛追夫人手握的绢包中也有少许药物。这些药物均被加工成不规则的块段或细小碎片，历经2100多年已变得外观干瘪、色泽暗褐，难以识别。

几经波折，中国药科大学的徐国钧院士与中国中医研究院等四个单位的相关研究人员运用粉末显微鉴定技术，从中鉴定出茅香、高良姜、桂皮、杜衡、佩兰、花椒、辛夷、姜、藁本共9种药材，如今江苏药学博物馆珍藏了其中的6种原品。这6种药物都被装进小瓶中，在展柜中诉说着2100年前的故事。

虽然出土的药物目前已经碳化且早已失去了功效，但鉴定出的几味药材有一个共同的特点，即它们都含有芳香物质且有一定的抗菌作用，可以用来防腐保鲜。因此，在马王堆一号墓葬中使用这些药物绝不是偶然。有关专家表示，辛追夫人的不腐可能与这些药材有着一定关系。

▲民国时期的洗眼杯

高大上的清朝药铺和民国洗眼杯

你知道清末民初时街上的药铺是什么样子吗？在江苏药学博物馆内，就还原了一个当时药铺的场景，门上方的牌匾上写着"本草堂"三个大字，真人蜡像"掌柜"正在柜台上称药材，身后的大柜子被分成了一个个小抽屉，抽屉上贴着药名，方便按方抓药。

"那时候的药铺和现在的中药房差不多，但当时的特色在于大门两侧的牌匾上的字——'参茸桂燕虎鹿仙胶'和'精制饮片膏丹丸散'。"馆内工作人员介绍。

前者指的是 8 种大家耳熟能详的名贵中草药材，后者则为不同的中药剂型，两者加起来其实是药铺给自己打的广告，也就是说这些东西店里都有得卖。

有药店自然就少不了招牌和广告，无论是常用来泡制中药材的"谦益号绍酒"的招牌，还是"威廉士医生"的西洋药局挂历，或是各色各样的泛黄广告画，都向我们展示了中医药文化在不同历史年代的人文风貌。

在展厅内还能看到，民国时期的洗眼液与现在老百姓常用的滴眼液可谓大相径庭。使用前，要先将专用的眼药溶解在洗眼杯中，再仰面将上缘完美贴合眼部弧线的洗眼杯倒扣在眼睛上，这样连眼睑都可以一并清洁了。但那个时候，一小包眼药的价格就要将近 1 块大洋，而那时普通百姓的月生活费也不过才几块大洋。

▲德国默克生药标本

珍贵的德国默克生药标本

众所周知，中医药学是中国独有的传统学科，但研究天然药物的不止有中国人。"国外也一直在研究植物、动物、矿物等生药（天然药物）对人体的功效，只是他们的角度不完全一样，国外的科学家喜欢从生药里提取某种纯的有效成分。"工作人员指着一个摆满了圆柱形标本瓶的展柜介绍。

这个展柜里摆放着德国默克集团的一整套国际性生药标本。二十世纪三十年代，德国默克公司用植物分类学方法，将世界各地的植物药进行分类鉴定，规范标注拉丁学名，成为生药标准药材，行销全世界各地。

1936年国立药学专科学校（中国药科大学前身）成立初期，学校购买了默克生药标本，学校教学科研便有了标准药材样品。历经80多年仍保存完好，因此弥足珍贵。

锁住时间的3万个"生命标本"

在江苏药学博物馆内，还有一套比默克生药标本数量更多、种类更齐全的天然药物标本，那就是有着1 300多个品种、3 000余瓶的中药材标本和6 000多种、25 000多份药用植物腊叶标本，这些标本绝大部分都藏在药学博物馆楼上的标本馆。

如果你走进二楼的标本馆，一定会被一排排储物架上一行行整齐的标本瓶震撼到，如果把标本瓶都换成书，这里俨然就是一个巨大的图书馆。隔着展窗，可以看清药材枝叶上的每一条脉络，以及脉络上的每一处曲折。它们有的被蜡封于纸上，有的被浸润于水中。

值得一提的是，这3 000余瓶标本并非一次性购得，它们是学校历届的教师与学生从创校开始，历经多年，赴各地采摘收集而得。他们采完药后，鉴别出植物的科、属、种，并记录其详细的采集时间、产地、采集人以及拉丁学名等，然后才放到标本瓶里贮藏起来，价值无法估量。因为全国各地的药检所做药材鉴定很多都会从这里借标本进行研究比对。

"血液的奥秘"科普馆

揭开血液的"神秘面纱"

人的血液有哪些成分？人体是怎样造血的？献血安全吗？在江苏省血液中心的"血液的奥秘"科普馆内，你就能找到答案。该馆主要面向公众普及无偿献血知识，通过参观和体验，让更多的人关注、支持并参与无偿献血这项公益事业。

们 的 血 管

在愉悦的体验中收获知识

　　站上测量仪测一测自己体内的血液量有多少；走过仿真的血管通道，仿佛自己就是一个正在流动的"血细胞"；拍一张电子照片，挂上"爱心苹果树"……走进展馆，你就能被馆内的各类互动设施吸引住，形象生动的展具让参观者在愉悦的体验中收获了与血液相关的知识。科普馆以文字图片展示、多媒体互动、现场参观聆听讲解、医护人员答疑、亲身体验等多种方式让参观者了解"血液的奥秘"。

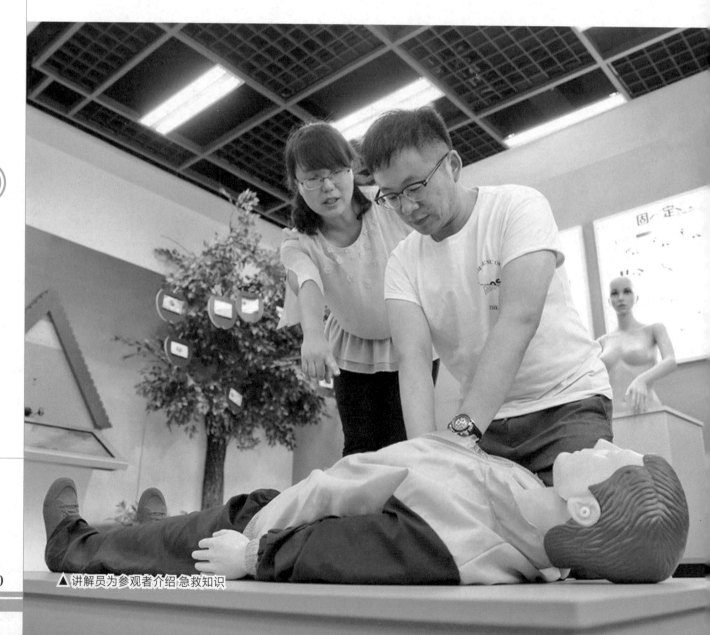

  讲解员为参观者介绍急救知识

▲ "我们的血管"展示区

　　2013年10月，"血液的奥秘"科普馆正式建成并投入试运行，向参观者免费开放。展馆内容涵盖了"血液基本知识"（血液的生成、血液循环、血液的主要成分等）、"血型的奥秘"（ABO血型系统的发现、血型的分类、血型与遗传的规律、稀有血型等）、"无偿献血"（无偿献血的流程和相关的法律法规、血液的处理过程、常见的无偿献血问题答疑等）、"急救知识"（包扎、止血、心肺复苏等）等相关内容。互动环节有身高体重与血液测量、血液小知识问答、血型趣味仪、无偿献血知识集锦圆桌、"仿真的血管"、可以拍照的"笑脸墙"和爱心"苹果树"等，深受参观者的欢迎和喜爱。

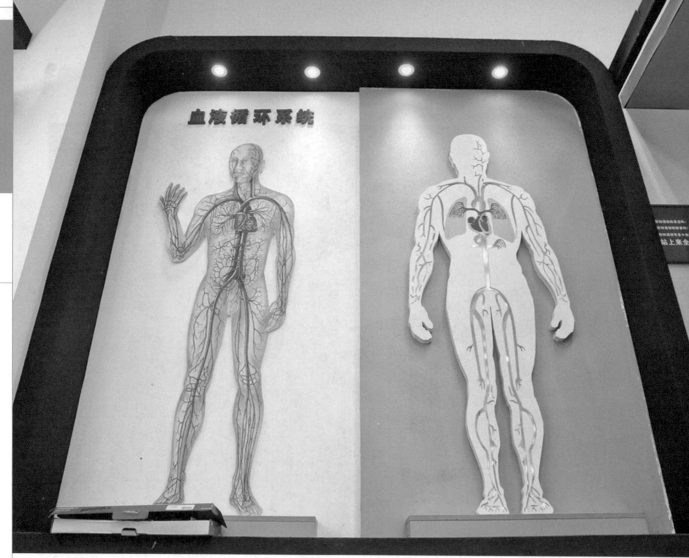

▲ 模拟人体血液循环系统的电子展板

关于血液，你了解多少

　　人体血液含有哪些成分？血液为什么会分为不同血型？在"血液基本知识"展区，你就能知晓答案。"血液的奥秘"科普馆讲解员介绍，造血机能开始于人类胚胎发育的第3周，一个叫卵黄囊的胚胎组织担当起造血的第一责任，第6周至第13周时，肝脏和脾脏成为主要的造血器官，当人出生后，骨髓担当起造血的全部重任。血液主要由血浆、红细胞、白细胞、血小板四部分组成，还含有各类营养成分，如无机盐、氧、激素、酶和抗体等。正常成年人的红细胞在血液中的寿命约为120天，血小板的寿命为7~9天，白细胞的寿命为7~14天。

人们常说的 A、B、AB、O 型血是根据人体血液中红细胞表面同族抗原的差别对血液进行分类，而这种抗原实际上只有两种：A 抗原、B 抗原。如果红细胞表面只有 A 抗原，那就表示为 A 型血；如果只有 B 抗原，则为 B 型血；如果两种抗原都有，就为 AB 型血。反之如果什么都没有，就是 O 型血。

你是否常听身边的人说 O 型血是"万能血"，可以输给其他血型的人？其实，这并不科学。讲解员介绍，随着输血医学的发展，很多实验及临床报告表明，如果大量输注，严重者会出现溶血反应，从而导致人体组织无法正常工作，因此，O 型血并不是万能血。

1940 年，奥地利维也纳大学研究员卡尔·兰德斯坦纳在做动物实验时，在恒河猴体内的红细胞上发现了另一个重要的血型系统——Rh 血型系统。Rh 在白种人中的比例比较高，约 15%；在汉族人中，每 1 000 人只有 3 人是 Rh 阴性血，因为极其罕见，被称为"熊猫血"。1901 年至今，科学家们陆续发现了 30 多种血型系统。

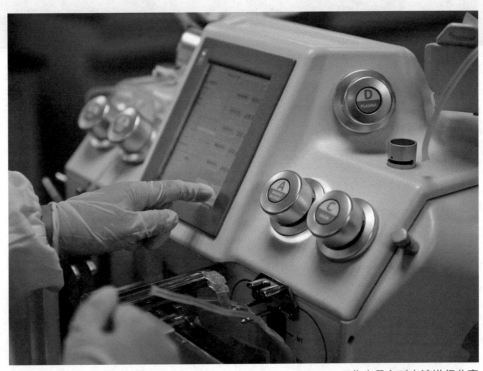

▲ 工作人员在对血液进行分离

▲采血

一袋血的"旅程"

正常人的血量相对恒定，约占体重的 7%~8%，如果健康人一次失血不超过全血量的 10%，所失的血浆和无机盐可以在 1~2 小时内由组织液渗入血管内得到补充，血浆蛋白也可以在一天内得到恢复。如果失血量超过体内总血量的 10%，就需要进行输血治疗了。

在"无偿献血"展区，通过生动的图文展示，你可以了解到在献血之后，血液会经过哪些"工序"，最终输送到被救治者的体内。讲解员介绍，完整的无偿献血一般要经过体检化验、献血、成分分离、安全检测、保存与运输等流程。

每位无偿献血者在献血前都要进行体检、化验。检查内容包括体重、血压、血型，以及身体状况等，检查合格后才能献血。由于血液中的各种成分有着不同的功能，

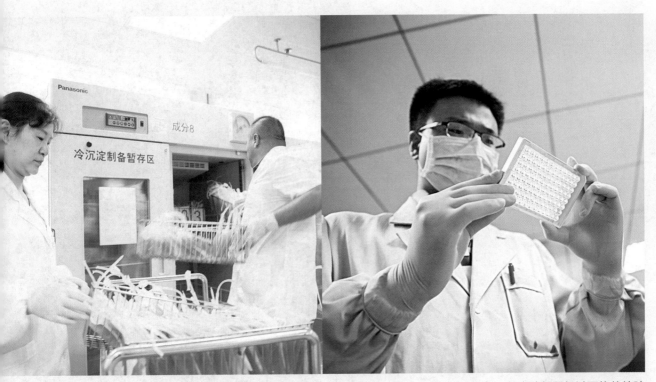

▲每一份血液都要经过严格的检验

献血者捐献的全血会首先送到成分制备科进行分离，把血液中的血浆、血小板、红细胞等成分分离出来，供不同患者使用。分离过后的血液被送往成分制备科，经过病毒灭活、白细胞过滤、血浆快速冷冻等一系列复杂处理，再被送入储血库储存起来。

在血液分离的同时，献血时留取的三份5毫升标本被送到检验科进行极为严格的检验。除检测血型与转氨酶外，还要检测是否有乙肝、丙肝、艾滋、梅毒等传染病。同一人的血液样本要分别用两组人员、两套设备以及两份完全不同的试剂分头检测，整个检测约耗时5小时。

不同的血液制品有着不同的保存和运输条件：血浆制品在-18℃以下的环境可以保存1~4年；红细胞类制品在4℃的环境保存期是35天；血小板比较特殊，需要被放置在一个特制的保存箱内，保持温度在22℃左右，并且要不停地振荡摇晃，防止血小板自凝。待需要输血时，血液就可以安全地输送到患者的体内，至此，一袋血的"旅程"就算完成了。

紫金山天文台旧址

绘制中国人自己的银河画卷

这里山势巍峨，树木葱茏，众多名胜古迹掩映其中。位于山峰之巅，有一座古老的天文台，好似绿洲中的一颗明珠，分外夺目耀眼。它就是闻名世界的中国科学院紫金山天文台，1934年建成时被命名为『国立紫金山天文台』。

当年，这第一座中国人自己设计建造的现代天文台因装备精良、人才荟萃，曾获『东亚第一』的美称。它的建成，标志着中国现代天文学研究的开端。

▲ 紫金山天文台内保存的明制浑仪

▲ 新天文台星轨

中国现代天文学的摇篮

　　紫金山天文台发端于玄武湖南侧鸡笼山上的古观象台。

　　早在 1600 多年前，鸡笼山上就建有观云测天的"灵台候楼"，并设有专职官员观天象、测风候、编制历法。明代初期，改"鸡笼山"为"钦天山"，建造了当时世界上最先进的浑仪、简仪、圭表等观象设备。清代康熙七年（1668 年），钦天山彻底废弃，留存数百年的明代观象仪器被全部转移至北京。

1927 年，国民政府定都南京后，决定遵照孙中山先生遗愿，启动首都建设计划。1928 年，蔡元培聘请高鲁作为新成立的天文研究所代所长，并由其负责选址和申请资金添置天文仪器。

1929 年，厦门大学天文系主任余青松接任天文研究所所长，继续筹建天文台。根据当时总理陵园管理委员会提出的中式风格设计要求，余青松经与著名建筑师杨廷宝反复协商和修改，最终形成了一份"中式天文台"图纸。同年 12 月，包括一条盘山公路、一幢台本部、一幢子午仪室、一幢赤道仪室、一幢变星仪室、两幢宿舍的紫金山天文台工程破土动工。

1934 年 9 月，全部工程竣工交付并举行了落成揭幕典礼。至此，中国有了第一座自己建立、被誉为"中国现代天文学摇篮"的现代天文台。

那时刚建成的紫金山天文台，建筑美轮美奂，仪器精致名贵，曾有"东亚第一"的美称。

▲ 台内保存的 60 厘米反光望远镜

国人在这里发现第一颗小行星

现时的紫金山天文台，依然矗立在紫金山第三峰的天堡城上。错落有致地分布着的 6 座蒙古包一般的银白色圆顶，远望，如镶嵌在绿色山峦上的 6 颗珍珠，熠熠发光；近看，则像一顶顶刚刚飘落在林海中的降落伞，若隐若现。

每当夜幕降临，那银色圆顶上的天窗徐徐打开，天文望远镜"睁大"炯炯有神的慧眼，注视着亿万光年之外的天体，不懈地探索着宇宙奥秘。

顺着当年修建的天文路蜿蜒向上，便是占地 3.1 万平方米的天文台旧址。6 座银色的圆顶天文观测室高低错落，衡宇相望。每座圆顶的基座和墙面均用紫金山特有的虎皮石砌出水波纹形状，圆顶四周均环绕着天坛式的石栏杆。

在紫金山天文台的所有建筑中，由著名建筑师杨廷宝设计并早期建成的台本部最为别致。

该建筑坐北朝南，按轴线对称分布，设计时利用地形高差，形成在底层两侧和二层中部北侧均有出入口与室外相通、底层与二层之间有楼梯相连的特殊结构；建筑外墙用就地开采的毛石砌成，与周围环境浑然一体，庄重朴实。

拾级而上，观象台内，那架直径 60 厘米的反光望远镜陈列其中。该望远镜于 1950 年获得修复，张钰哲先生和助手张家祥于 1955 年 1 月 20 日即借助其发现了小行星"紫金 1 号"（后于 1998 年命名为查刘璧如星），这是中国人在本土发现的第一颗小行星。

▲ 国立紫金山天文台旧址

浓缩古代天文学之辉煌

紫金山天文台不仅是我国现代天文学的摇篮，而且浓缩了中国古代天文学的辉煌。这里完好地保存了明、清两代天文学家实测所用的 5 件古代仪器，其中明代正统年间铸造的浑仪、简仪和圭表最为珍贵。这些珍贵的天文仪器，凝聚着中华民族在古代天文学领域的智慧和创造力，是中国古代科技领先世界的有力证明。

浑仪

浑仪是测量星体在天空中的位置和运动的仪器，是我国传统的测天仪器。早在战国初年，我国就有了原始的浑仪。随着时间的推移，浑仪的制作越来越精密，结构越来越合理、适用。

唐代天文学家李淳风创造了由 3 层同心圆环组成的浑仪，使浑仪结构臻于完善，此后历代所造的浑仪都保持着这种科学结构。

紫金山天文台内保存的明制浑仪主体由 3 层同心圆环组成，外层为 3 道固定不动的圆环，称为"六合仪"；中层为 4 道圆环组成的一个整体，称为"三辰仪"；内层是一平行双环，中间夹装一个方形窥管，可绕双环圆心任意转动，称为"四游仪"。窥管相当于现代的天文望远镜，通过窥管圆孔可以观测天上的星辰，并可通过四游、三辰两仪圆环上的刻度测定天体的方位。

这台明制浑仪不仅是一架古老精密的科学仪器，也是一件精美绝伦的艺术珍品。它由四龙柱、一云柱支撑，四角台则以四云山装饰，造型紧凑协调，浑然天成。龙柱强健雄伟，盘旋上腾，云山耸起，两相呼应，相得益彰。基座四侧刻铸奇花异兽，线条流畅。

我国古代传统标志星体天文坐标的两个基本数据——入宿度和去极度，就是用浑仪测定出来的，刊载于历朝正史《天文志》和《律历志》中，成为研究我国古代天文学发展历史的珍贵资料。

简仪

简仪是从浑仪简化发展而来的测量天体的仪器。它解脱了浑仪的复杂圈环，各环组分别架立，在观测时既避免了圈环互掩，又能进行多种观测。

简仪原由元代天文学家郭守敬创制，操作简单易行，测量精度倍增，为我国天文仪器制造史上的一次飞跃。

紫金山天文台内保存的明制简仪，主要由两部分组成，其一是被称为"赤道坐标系"的斜向安置的一组环圈（可以测定星体在天空中的赤道坐标值），其二是被称为"地平坐标系"的直立安置的一组环圈（可测定星体的地平坐标值）。

两组环圈可同时进行观测，互不干扰，非常有效。

此台简仪造型疏朗开阔，全仪由四龙柱、四云柱连接支撑，舒展而华贵，与浑仪可谓环肥燕瘦，竞相生辉。

圭表

圭表是我国最古老的传统测天仪，早在4 000多年前就已创制，其主要作用在于测量日影长度的变化，以确定一年四季二十四节气的准确日期，从而制定出合乎天时并能指导农业生产的历法。此外，由日影长度变化的周期还可测定出一年含有的天数（365.25天）。

紫金山天文台内保存的明制圭表，由一卧圭、一立表组成，南北向水平摆置、面上有"尺""寸"刻度的称"圭"，垂直竖立于南端的铜柱则称为"表"。表的上端有一圆孔，每当晴天正午，日光通过此孔，投影在圭面中央，其表度和日期可由圭上的刻度测出。

▲圭表

天球仪

紫金山天文台除保存着明代天文仪器外，还有一件清代的天文仪器——天球仪。

天球仪古称浑象，现代称天球仪。东汉张衡、三国王蕃、南朝钱乐之都曾造过这种仪器。它的主体为一铜球，上面嵌满铜钉，用以表现恒星和星座的位置，并能演示天体的周日运动。现存天球仪为清代1903年的复制品，球径3尺，嵌有1449颗铜钉，代表人类肉眼所能看见的1449颗较为明亮的星星，还刻有赤道、黄道以及用小点点表示的茫茫银河。铜球安装在轴上，可以旋转，轴的两端分别代表南北天极，它沿袭了中国古代的星名和星座划分。整个仪体安装在由子午圈和地平圈组成的框架中，用来演示天体的东升、西落，以及一年四季的昼夜长度变化，使观者如临其境，亲身感受地球自转的基本原理。

▲天球仪

东南大学人体标本陈列馆

探索奇妙的人体世界

人体最强壮的肌肉是哪里？人的鼻子能嗅出多少种气味？心脏和大脑长什么样子？其他各个器官又长啥样……人体是大自然赐予的最完美的艺术品，如果你想了解人体组织结构的秘密，不妨去东南大学人体标本陈列馆看看，在专家的带领下一起探索美妙的人体世界。

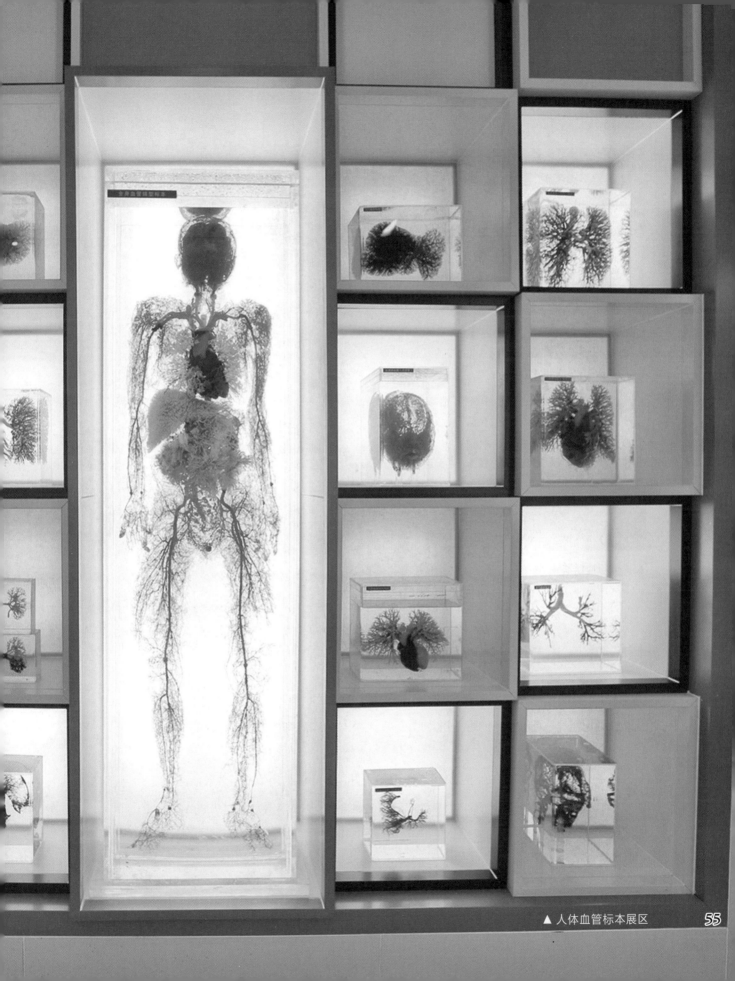

▲ 人体血管标本展区

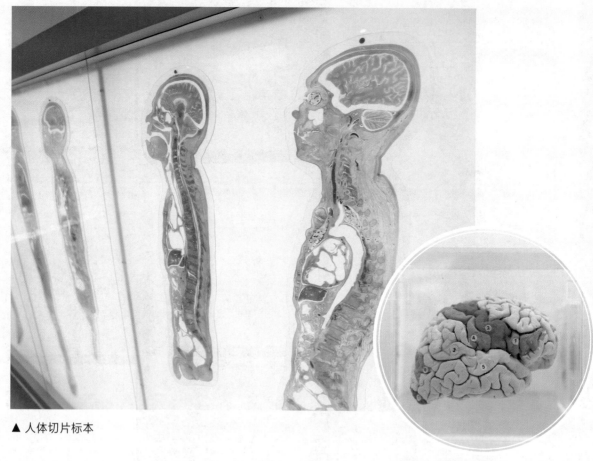

▲ 人体切片标本

▲ 人体脑部标本

每一件标本皆来之不易

人体就像一台伟大的机器，它的各个部分能够精确合作，也可以产生很多东西，从汗液到记忆，它还有许多你所不知道的秘密，在人体标本陈列馆，你或许就能找到答案。

东南大学人体标本陈列馆于 2016 年 10 月正式开馆，面积约为 100 平方米，目前分为系统解剖标本、断面标本、铸型标本、塑化标本、胚胎标本等几大板块展区。所展标本件件皆为真品和珍品。其中的人体和器官标本大多数都是志愿者去世后所捐献的。

仅靠血管支撑的人体标本

"哇！这是什么？"在铸型标本展厅，一具独特的人体标本吸引了参观者的目光。这具标本没有皮肤，没有肌肉，没有骨骼，而是由无数根密密麻麻的红色或蓝色的类似大树"枝蔓"的物质所组成。原来，这就是真实的人体血管。

如此"壮观"的人体血管标本是如何"剥离"出来的呢？原来，在人体血管中注入一种化学制剂，可以让蛋白质凝固，达到使血管固化，让骨骼和肌肉剥离的目的。

人体的血管由动脉、静脉、毛细血管等组成，总数达 300 多亿根，要是把所有的血管连接起来，总长度可绕赤道约两圈半，最细的毛细血管只有人毛发直径的1/10，仅能容纳一个红细胞通过……人体血管标本如此清晰、直观地对公众呈现，就是要告诉人们，血管紧密相连、环环相扣，可谓牵一发而动全身。大家平时应注意饮食、加强锻炼，保障血液畅通，减少血管疾病的发生。

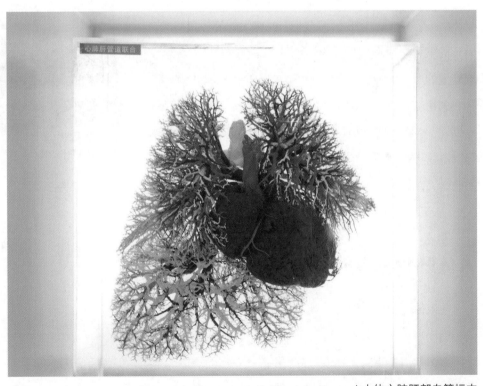

▲人体心肺肝部血管标本

塑化标本展示人体之美

在馆内白色的灯光下，零距离观察这些浸泡在药液中的人体器官，让人不禁有些毛骨悚然。然而，在展厅正中央，一具颇有"运动范儿"的人体塑化标本看上去却不那么"恐怖"。该标本的造型来源于模特姿势，在行走运动过程中，体现男性阳刚之美，主要展示了人体的头面部、上下肢浅层血管神经，胸腹腔浅层肌肉位置及毗邻关系。

塑化标本是先通过真空渗透手段让液态高分子化合物或多聚物进入生物组织内，再使其硬化，从而达到保存标本的目的，它取代了传统的具有刺激气味和致癌作用的甲醛保存液。简而言之，生物塑化技术其实就是用高分子材料将生物体内的水分和脂肪都置换出来，因为那部分是生物体内最容易腐烂的部分，只要把容易腐烂的部分置换掉，剩下的就可以保存相当长一段时间，且制成后没有温度、湿度上的严格维护要求，受到污染也只需擦干净即可。

利用生物塑化技术制作的标本，具有无毒无味、干燥有韧性、透明度高、真实直观、耐用和耐酸碱性好的特性，可室温露天存放。同时该技术还可以应用于解剖学、病理学、法医学、动物学以及体育、美术、自然博物馆等学科和领域。

▲ 人体塑化标本

人体胚胎标本展示从"产生"到"诞生"

在人体胚胎标本展区，可以很清晰地看到胎儿在母体每月的变化，了解其"成长经历"。

大多数人一直以为，子宫是个平静、安详而舒适的地方。但假设一下，如果你正处在子宫中会是什么样的感觉？你会位于别人身体的中央，她的心脏甚至比你的身体还大，搏动的声音听起来像雷鸣一样震耳欲聋；在你的头顶上，两片巨大的肺叶日夜不停地工作，你又怎么能够得到平静呢？除此之外，你还必须不断地成长，当你长得越来越大，你容身的空间就会变得越来越小，直至不能翻身——子宫内的世界其实是忙碌而吵嚷的。

胚胎发育至第6周时，大小还没有一个瓢虫大，不过已经隐约可见人形，最初的心脏已经形成，眼睛和血管也具备了雏形，这时的大脑是一个有很多细胞包围而形成的空腔，而上下肢仍然像鱼鳍一样，非常短小；胚胎发育至第8周时，人的各器官、系统都初具雏形，外形也已经有了人的模样，此时的胚胎只有3厘米长，堪称"袖珍人"。此时期的胚胎发育对环境因素的作用十分敏感，某些有害因素（如病毒、药物及环境毒物等）容易通过母体传递至胚胎而影响其发育，导致某些严重的先天畸形。

胎儿发育至24周时，体内和体外的发育基本完成，胎儿指甲全部出现，毛发也已经开始发育，此时的胎儿全身皮肤红而皱；胚胎发育到第28周时，除了肺的功能还未完全成熟外，胎儿已经基本上具备了在母体外生存的能力，此时出生的婴儿称"早产儿"；32周之后的胎儿就可以很好地适应母体外的世界了。

▲人体胚胎标本

南京师范大学珍稀动物标本馆

『动物王国』历险记

濒临灭绝的『水中大熊猫』白鳍豚、生命周期很短的蜉蝣、从澳洲来的企鹅、生活习性各不相同的鼠类……它们的标本都可在南京师范大学仙林校区生命科学院的珍稀动物标本馆里看到。在这座动物标本馆里，仅脊椎类的标本就有两万多件，这些珍贵标本的背后还有着许多不为人知的故事。

▲大型哺乳动物标本

▲壮观的标本展区

63

▲蛇类标本

馆内"奇珍异宝"看不停

　　一走进馆内，就仿佛置身于一个神奇的动物世界，金丝猴机灵地攀在枝头，萌萌的企鹅与高贵的黑天鹅做了邻居，威风凛凛的狮子和霸气十足的老虎就近在眼前，澳洲袋鼠和非洲长颈鹿的标本毛色鲜亮，栩栩如生。

　　标本馆比很多人想象中要大很多，共有两层，一层为陆生哺乳动物和鸟类，哺乳动物有老虎、狮子、野驴、野猪、豹、金丝猴、袋鼠、狼、豺、梅花鹿等，鸟类更多，有各种游禽、涉禽、鸣禽、猛禽、水禽、攀禽等；二层则是海洋哺乳动物、爬行动物、两栖动物及植物等，其中不乏我国一、二类保护和濒危动物，包括大型水生动物如大海豚、白鳍豚、须鲸、鲨鱼、中华鲟、海豹、江豚及我国目前已有的

五种海龟等。爬行动物种类最为丰富，有巨蜥、扬子鳄、蛇类和壁虎。两栖动物中有娃娃鱼和蛙类、蟾蜍、蝾螈等。鱼类中有多种淡水鱼和海洋鱼。大型无脊椎动物包含了多个门类，如海绵、腔肠、扁形、线形、环节、软体、节肢、棘皮动物，像常见的浴海绵、海仙人掌、水螅、水母、海葵、珊瑚、蛔虫、沙蚕、贝类、螺类、鲎、马陆、各种昆虫（包括蝶类和蛾类、甲虫、竹节虫等）。

据介绍，这些动植物标本是南师大建校百年来，几代专家学者广为采集、购买、交换、保存并依各种自然神态精心制作的，来之不易。

▲栩栩如生的黑叶猴标本

◀鬣羚标本

▲海龟标本

动物标本制作是一门大学问

动物标本看上去栩栩如生，但它们是如何制作和保存的呢？据介绍，动物标本可作为直观教具、实验时的观察材料和科研中的重要材料，因此标本制作是动物学、分类学、生态学、比较解剖学等教学科研中一个重要的环节。

一个标本的好坏，首先取决定于材料的优劣，所以标本材料的选择是非常重要的。做标本的材料必须经过严格检查，一般要求是无变质、皮肤无损、爪（喙）齐全的完整个体，材料力求新鲜。

由于脊椎动物的体形大小差异很大，因此剥制方法要根据具体情况而定。哺乳类和鸟类一般采用胸开法和腹开法。要让一个标本能够保存完好，皮张的防腐处理非常重要，其直接影响到标本的保存寿命。剥好的皮张要先用洗洁精洗干净后沥干水分，然后浸泡入 75% 酒精中 4~6 天，沥干后便可制作。

哺乳动物标本的填充方法是先做一个木制躯体框架，其大小和长度根据动物体形决定，也可用铅丝编制成躯干的形状轮廓，再取四根铁杆作四肢。支架做好后再套上皮张，进行填充，填充材料一般为棉花或棕丝，并用橡皮泥、泡沫塑料等材料进行补充，此时应注意关节的形状，在仔细检查各部位后进行缝合。

另外，整形也是标本制作过程中最关键的环节。所以动物标本制作者会经常在野外和动物园仔细观察各种动物的行为、生活习性和形态特征，并参考动物图谱，尽可能把标本的形象做成动物生活在某一时刻的形态。

▲飞禽标本

▲白鳍豚、中华鲟等珍稀动物标本

▲禽类标本

"量身定制"的大学生志愿讲解员

"听了大学生讲解员的解说，我们加深了对标本馆里的动物的了解，并且通俗易懂的内容也让孩子们学到了许多自然知识，真的特别好。"参观完南京师范大学珍稀动物标本馆，很多家长都会对讲解员赞不绝口。

大学生志愿者幽默风趣的解说让参观者在快乐的氛围中学到了科普知识。"哥哥姐姐们说得很有意思，下次我还要来参观。"一位小学生在参观结束时依依不舍地说。

南京师范大学珍稀动物标本馆历史悠久。追源溯本，1901年创建的东吴大学和1905年创建的金陵女子文理学院标本室即是其前身。一个多世纪以来，经过几代科技工作者不懈的努力，该馆已经发展成为一个拥有馆藏标本万余件，集教学、研究和科普为一体的科普教育基地。

凭借这些优势，该馆被中国科协定为全国科普教育基地，以及被省科协、省科技厅与省教育厅认定为江苏省科普教育基地。同时，该馆也是南京师范大学生命科学院的物种基因库，有利于教学科研和科普工作。

江苏民防教育体验馆

走，去体验一把『生死时速』

地震、海啸发生时如何自救？空袭警报拉响时怎样避险？核电站发电的原理是什么……每年的4月15日是全民国家安全教育日，在这一天，你不妨去江苏省民防教育体验馆逛逛，一同了解灾害预防的科学手段。

▲展馆一角

寓教于乐提升防护能力

　　江苏省民防教育体验馆由省民防局建设，于2016年9月开馆，展区面积约4 500平方米，于2016年被评为江苏省科普教育基地。馆内设有一厅六区，分别为序厅、建设成就区、人民防空区、防灾减灾区、核应急救援区、7D影院区和综合体验区。

　　该馆紧扣防空防灾的鲜明主题，采用声、光、电、影视互动等现代高科技展示手段，突出知识性、趣味性、体验性、互动性，展现民防发展历程与建设成就，宣传防空防灾有关知识和防护技能，增强社会公众特别是青少年学生的国防观念和安全意识，让观众亲身参与，互动体验，学习公共安全应急避灾逃生知识，掌握自救互救技能。

▲模拟太空舱以多媒体互动的形式普及民防知识

▲汽轮发电机组剖面模型

　　步入体验馆，你会发现入口创新设计成了山体人防工事，两边是人防工程防护门，使人联想到战时的防空洞，紧贴民防教育的主题。序厅的浮雕墙正中间上方有"中国人民防空"的标志，庄严醒目，人防标志两侧展陈了现代军事卫星、飞机模型，与序厅顶部的蓝天白云和飞翔的和平鸽形成恢弘壮阔之势。

　　该馆运用寓教于乐的方式，形象生动地进行多主题的知识传播，让参观者通过身临其境的现场互动体验、模拟操作等，真正掌握应对战争空袭、自然灾害和应急突发事件的防护技能，从而有效地提升群众的综合防护能力。

▲生化防护服

身临其境学习民防知识

　　穿过建设成就区就是人民防空区。首先映入人眼帘的是空袭警示展项。"这是第一次世界大战景箱,采用二维半微缩景观和多媒体相结合的展示方式,再现了一战时期德国柏林飞艇轰炸英国的场景;这是第二次世界大战景箱,再现了二战时期斯大林格勒保卫战、偷袭珍珠港等场景;这是世界局部战争景箱,采用旋钮桌面的方式,展示朝鲜战争、越南战争、中东战争、海湾战争、科索沃战争的场景,只要转动按钮,当指针指向地图上的某次战争时,大屏幕就会播放相应的战争影视信息;最后是新世纪局部战争景箱,采用120°环幕投影与航母战斗群模型相结合的方式,展示了新世纪战争的空袭与反空袭,营造了现代化的大规模战争场景……"

　　伴着解说员的讲解,看着墙上当时轰炸日本的"美国小男孩"原子弹和"美国B-29"轰炸机的模型,以及墙面投影上美国原子弹轰炸日本广岛的惨烈画面,你仿佛能亲身经历并感受到战争带来的灾难。

　　除了展示,该展区还有一个炫酷的模拟太空舱,以多媒体互动问答的形式向参观者介绍民防知识,并通过趣味抢答,使参观者在娱乐中学习掌握民防知识。

虚拟漫游核电站了解核常识

核电站是利用原子核裂变或聚变反应所释放的能量来生产电能的发电站。江苏首座核电站——田湾核电站，位于连云港市，厂区按 8 台百万千瓦级核电机组规划。在馆内的核应急救援区，你可以坐上一台全景虚拟漫游田湾核电站的机器体验一番。

在虚拟体验中，可以清楚直观地了解到田湾核电站反应堆厂房采用了目前国内独一无二的双层安全壳，其外壳为 0.6 米厚的钢筋混凝土，既能抵御外部破坏，又能有效防止严重事故情况下放射性物质的外泄。两层安全壳之间为带有碘和气溶胶过滤器通风系统的负压环形空间，有效减少了放射性气溶胶和碘向周围环境的释放。

为保障核电站工作人员和周围居民的健康，核电站在选址、设计、建造、运行

▲各种报警装置

和退役过程中均贯彻"安全第一，质量第一"的方针，采用纵深防御的原则，从实体设备和防护措施上提供多重相互独立、相互支持的重叠保护，以确保核电站处于安全、可控状态。此外，田湾核电站在设计中充分考虑到了严重事故的应对措施，除了双层安全壳，还设置了堆芯熔融物捕集器、非能动消氢系统和移动式柴油机等，制定了核安全应急预案，这些系统和规程能够有效地引导操纵人员将反应堆置于安全状态。

在全景虚拟漫游系统旁，还摆放了数台核电站设施刨面模型，包括核电站外安全壳刨面模型、核反应堆刨面模型、蒸汽发生器刨面模型、反应堆二回路刨面模型和发电机组模型等，可以直观深入地了解核电站的构造和工作原理。

此外，核应急救援区还展示了核防护观测、侦查、洗消器材，核辐射监测等器材。在核应急演习区，采用电子沙盘、虚拟指挥、多媒体投影等形式，模拟核电站泄漏事故的应急救援演习，使参观者了解核应急行动的主要程序和内容，并积极参与核应急有关工作。

▲蒸汽发生器模型

▲青少年体验 7 级模拟地震

高科技体验防范身边危险

值得一提的是，体验馆满满的高科技元素，除了让参观者可以兴致盎然地体验各种项目外，还生动形象地展示了发生在我们身边的各种灾难。

地震、海啸发生时如何自救？在自然灾害体验厅，通过 360° 环幕、地幕投影和动感平台观影的方式，虚拟打造了一艘"诺亚方舟"，参观者能实时感受洪水、海啸、火山、泥石流、雪灾等自然灾害的侵袭，参与互动、学习防护与自救互救技能。

各种防空防灾知识如果只是"纸上谈兵"，肯定会让人觉得不过瘾。在综合体验区，地震体验区成为最大的亮点，该区采用 20 米长的投影屏、地震平台等设施，模拟 7 级以上地震，体验者可在短短几分钟内身临其境地感受到不同级别地震带来的变化与冲击，随着投影画面中不断出现地面塌陷、房屋倒塌、爆炸起火、水管爆裂等场景，体验者的震感也愈加剧烈，他们切实感受到了地震的破坏力，并从视频中获取了地震时逃生自救的防护知识。

地震发生后因房屋倾斜倒塌，逃离灾害现场时会产生强烈的失重感，造成逃生障碍。因此，馆内还特别设置了一个地震倾斜小屋，在这里参观者可以通过体验，克服心理上的恐慌，从而训练自己身处地震废墟时的逃生技能。

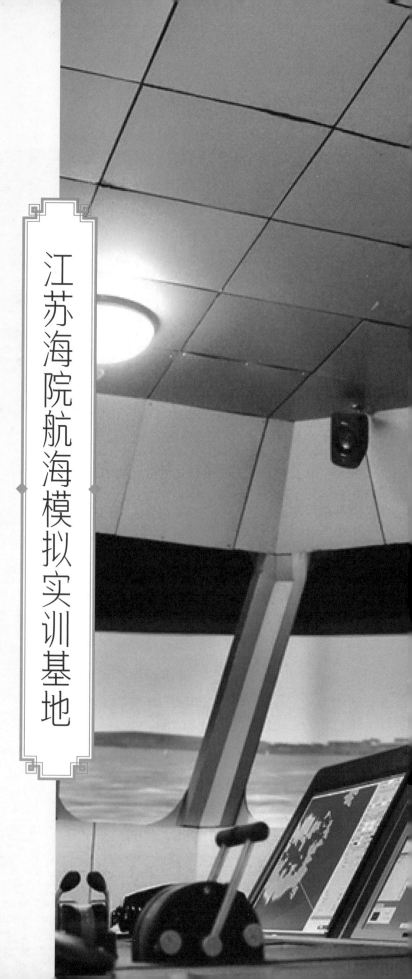

江苏海院航海模拟实训基地

实验室里也能玩出晕船感

「航速32节！向右转向15度！注意风速，准备靠岸！」随着『船长』的一声令下，船只缓慢而平稳地驶入港口……这不是在一艘远洋巨轮上，而是在一间实验室内完成的一场高度仿真的航海模拟训练。

在南京江宁区的江苏海事职业技术学院内的航海仿真模拟实训基地里，「足不出海」你就能体验一把掌舵驰骋海洋的经历。

▲演示驾驶"海轮"靠岸

▲航海模拟系统高度仿真的各类电子仪表

实验室里"航海"也能玩出晕船感

依靠鲜明的航海特色和航运背景，在江苏海事职业技术学院的大力支持下，该院航海技术学院于2006年成立了航海仿真科普教育基地，面向社会普及航海文化和海洋知识。

走进实验室，就等于走进了海轮的驾驶室，透过"驾驶舱"的玻璃，看到的就是碧波万顷的海洋，远远地还可以看到港口及周边的建筑物。其实，呈现在你面前的只是一个270度的超级大屏幕，随着屏幕画面的晃动，如果站在"驾驶舱"里就能体会到船舶航行在海浪中的感觉。"如果不提醒你脚下的船舱是不动的话，模拟在大风大浪下的剧烈颠簸，还会让人产生晕船效果。"基地工作人员介绍。

"我们现在的场景是进入悉尼港，你看前面就是悉尼歌剧院。"顺着基地工作人员手指的方向看过去，远远就看到了海岸线。在实验室人员的手把手指导下，你可以在驾驶台上学习掌舵。"这是雷达，相当

于船员的眼睛，"工作人员指着操作台左侧的屏幕说，"现在显示有些模糊，就是
模拟了风雨天气情况下对雷达的影响；右侧的大屏幕上，则显示着一张电子海图，
我们的船舶在上面就是一个圆点，开始缓缓进入狭窄的港口。抬头可以看到仪表显
示，我们的'船'正在以 32 节的速度进港。"

　　在控制台的右侧，是"车钟"，它的形状和功能有点像我们开车的"挡把"，
通过推拉手柄，就可以实现船只的全速前进、"停车"等。由于是首次掌舵，一些
参观者在现场不免手忙脚乱，有些偏离了航向。突然，"哐当"一声巨响和震动让
在场的人吓了一跳。"这是撞船了……"工作人员笑着说，为了力求逼真，这套训
练系统还能模拟搁浅、撞船等突发事故的情况。

▲ 控制台上控制航速的"车钟"

▲小型船舶虚拟驾驶系统

▲学生在进行救生艇操作实训

"镇院之宝"能模拟各海域航行环境

这套设备可以说是他们的"镇院之宝"，是从挪威世界著名航海设备供应商kongsberg公司采购的，于2006年12月正式投入使用，是目前国内最先进的航海仿真模拟实训设备之一。

这套航海模拟系统现由5艘船舶的虚拟船舶驾驶台组成，是国内首个可用于民用的、具有冰区模拟仿真和拖船拖带功能的大型虚拟现实交互式仿真系统，包括世界著名的38个港口及地区的三维实景数据库，有35个高精度船舶数学模型可供选择，同时还具有自主开发海区和高精度六自由度民用和军用船舶数学模型的能力。航海技术专业的学生在走出校门之前，都会在这里模拟航行四海，体验航行在各个海域、进出世界各地港口的情况。

前几年，一艘4.5万吨的外国船舶要开进宁波港，由于是首次进港，为了确保万无一失，负责将船开进港的引航员特意来到江苏海院的航海模拟实训基地，全程模拟了船舶进港的各项操作。"在这里开船，和实际操作一样，他们等于是来这里先试验一番，让引航员到这里来练练手，看看能否安全进港，在操作上要注意哪些问题。"工作人员说。

有远洋轮泊位的地方就有海院学生

除了船舶操纵模拟器实训室，航海模拟实训基地还建有 VDR 实验室、雷达模拟器实训室、货运积载实训室、GPS 与 GMDSS 实训室以及航海天象馆等一系列实训基地。在满足学校学生日常学习的同时，可为社会各界人员了解气象和海洋环境、船舶知识、天文知识，增强保护海洋环境的意识，提供各种科普教育活动和科学技术服务。2013 年，航海模拟实训基地被正式命名为"江苏省科普教育基地"；2015 年，还被中国科协命名为"全国科普教育基地"。

走在这座处处可见蓝色基调的校园里，随处都能看到各种与大海航行有关的景象：船舶形状的教学楼旁挂着红色的救援艇；校园中间的天象馆则可以模拟各种星系的运行，看星判断位置是每位航海专业的学生必须具备的技能……

▲航海海图展示

▲航海日志

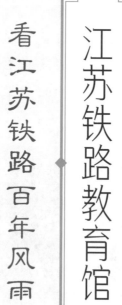

江苏铁路教育馆

看江苏铁路百年风雨

从世界上第一条铁路在英国诞生，到高铁飞驰在中国大地，穿过历史的云烟，江苏铁路从无到有，从弱小到辉煌，从步履维艰到快速发展，走过了不平凡的发展历程。南京铁道职业技术学院内的『江苏铁路教育馆』足以称得上是江苏乃至中国铁路史的一本『编年册』。

△ 1952 年新中国制造的第一台蒸汽机车的原厂模型

▲馆内詹天佑的青铜塑像

一部江苏铁路人的不懈奋斗史

江苏铁路教育馆位于南京铁道职业技术学院工程中心楼，由"综合馆"和"高铁馆"两部分组成，展厅总面积3 000多平方米，陈列各类展品400余件。

为了全面、翔实地展示江苏铁路的演变和发展，也为了帮助参观者更全面地了解中国铁路发展的轨迹，建于二楼的"综合馆"设"江苏铁路百年历程"展。展览以江苏铁路发展历史为序，分为"晚清时期、民国时期、建国50年、跨入新世纪的江苏铁路"四个部分，主要以时间为主轴，以重大事件为节点，以江苏铁路人攻坚克难、不懈奋斗的史实和江苏铁路技术、装备的不断进步为主要内容，通过大量的文字、图片、图表，部分影像资料以及沙盘、模型、场景、展品等，记录江苏铁路100多年的发展历程，展示江苏铁路发展的巨大成就和美好未来。

"高铁馆"建于工程中心一楼，设"高速铁路技术装备与安全防范"展，分为高速铁路发展概况、高铁客运系统、工务工程系统、供电系统、动车组系统、通信系统、信号系统、调度指挥系统和安全保障系统等九部分，系统介绍了高速铁路的基本原理和技术装备，着重于高铁技术相关知识的普及和教育。

珍贵文物见证历史

1825 年，世界上第一条铁路在英国诞生。到了 1876 年，江苏历史上第一条铁路——吴淞铁路，系英国商人以修建"寻常马路"为名擅自筑成，这条铁路自上海至江苏的吴淞镇，全长 14.5 千米，是中国第一条投入营运的铁路。

晚清时期 1876—1911 年的 36 年间，江苏先后建成淞沪铁路、沪宁铁路、清杨铁路、宁省铁路、津浦铁路等 7 条铁路，线路总长 504.09 千米……江苏铁路教育馆通过翔实的图文介绍，展示了江苏铁路建设的起源。除了历史图文资料，展馆内还陈列有各式各样的历史文物，如清代火车上的"灭火枪"——一支 1 米多长的铜管，喷水头呈圆锥形，喷头与枪身之间由一根直径和枪身内壁相当的铜管连接。此外，还有晚清时期李鸿章等人为买断吴淞铁路上书朝廷的奏折，还有两份关于当年沪宁铁路修建的照会，距今已有 110 多年，算得上是镇馆之宝了。

展馆内还陈列有一些珍贵的历史地图。在两张尺寸较大、已经泛黄的地图前，工作人员介绍，这一张是当年日本侵略者绘制的地图，另一张是日本大阪朝日新闻社出版的陇海铁路战局地图……这些文物，无一不是历史的见证。

▲老式的检票工具

真实历史场景"完美"还原

如果你走进"民国时期的江苏铁路"展区时，一定会产生一种身临其境的错觉，仿佛时光倒回到 100 多年前，当年南京浦口站广场从码头通往车站的雨廊场景呈现在眼前。浦口、下关火车站和南京火车轮渡是江苏早期，也是中国近代铁路史上颇有影响的历史遗存，它们共同见证了中国近现代诸多重大历史事件。

浦口、下关两站因长江而阻隔，南京铁路轮渡于 1933 年建成使用，从而使两站连成一线。"两站一渡"见证了当时旧中国艰难的岁月。浦口站的建筑皆是按照当时英格兰建筑的风格设计而成的；下关车站的建筑则是 1947 年由我国著名建筑师杨廷宝设计，站房虽几经变迁，但至今风采依旧；南京铁路轮渡被誉为中国铁路第一渡。还记得中学语文课本里朱自清的名篇《背影》吗？当年，朱自清透过车窗看到父亲翻越铁轨给他买橘子的情景仍"历历在目"，原来，《背影》的发生地——南京浦口火车站的场景也被搬到了馆内，真实还原了当时民国时期一个二等车厢的场景。

▲朱自清的《背影》场景真实还原

珍贵手稿再现建设者辛勤耕耘

除了民国时期，新中国成立后的铁路修建情况在馆内也有展示。一个特殊的展示柜中，陈列着泛黄的设计手稿、老式的计算尺、放大镜、手表、钢笔和饭盒等物件。这是南京长江大桥总工程师陈昌言的

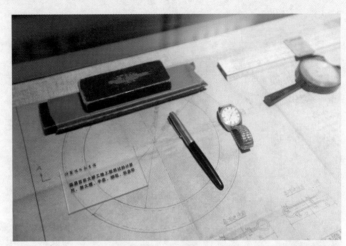

▲南京长江大桥总工程师陈昌言的设计手稿及生活用品

旧物，由其儿子捐赠，代表了新中国成立后铁路桥梁建设第一代人的辛勤耕耘。

在南京长江大桥建设最艰苦的岁月里，陈昌言全面主持大桥的建设工作，他带领技术人员克服重重困难，完成了建设任务。他一生没出过国，却学习并掌握了四国语言。看着眼前这些简朴的工作和生活用品，可以想象得到，这位桥梁专家在艰苦的岁月里，为祖国的桥梁事业贡献了毕生精力。

在展示柜的旁边，是展览馆的另一件镇馆之宝——1952年新中国制造的第一台蒸汽机车的原厂模型，之前它陈列于中国军事博物馆，后被捐赠给南京铁道职业技术学院。机车由两部分组成，前面是锅炉和动力总成，后半部分为装煤的拖车。当时，蒸汽机车里有专职的司炉，专门负责把煤掀到锅炉里面烧，两边有两个司机，负责瞭望和操纵驾驶。

工作人员表示："二十一世纪以来，江苏的铁路发展非常快，在全国是高铁最多的省份。江苏铁路的发展，应该说是中国铁路的缩影。我们建这个江苏铁路教育馆，目的就是通过对这一百多年历史的回顾，对学生进行铁路精神、铁路历史、铁路发展的全面教育。"目前，江苏铁路教育馆正着手申报江苏省爱国主义教育基地、科普基地，并会尽快面向公众开放。

▲馆内的高铁列车模型

中国高铁，世界最"高"

穿过浩瀚的历史烟云，感知江苏铁路走过的 100 多年历程。改革开放的春风，使江苏铁路步入快速发展、全面提高的新阶段。世纪之交，江苏铁路昂首阔步进入高铁时代，创造了一个又一个新纪录。南京铁道职业技术学院江苏铁路教育馆的"高铁馆"设高速铁路发展概况、高铁客运系统、工务工程系统、供电系统、动车组系统、通信系统、信号系统、调度指挥系统和安全保障系统九个部分，涵盖了目前我国高铁的最先进技术。除了参观，该校学生还可以在模拟的控制中心进行线路运行调度、故障应急处理等演练。

高速铁路肇始于日本，发展于欧洲，格局大变于中国。如今，我们可以自豪地宣布，中国高铁，世界最"高"。

世界高速铁路的发展经历了三次浪潮：第一次是二十世纪六十年代至八十年代末，1964年10月1日，世界上第一条高速铁路——日本东海道新干线正式通车，随后，法国、德国、意大利等国也纷纷开始修建高速铁路；第二次是二十世纪八十年代末至九十年代中期，法国、德国等欧洲国家大规模修建高速铁路，逐步形成了欧洲高速铁路网络；第三次是从二十世纪九十年代中期至今，亚洲、北美洲、大洋洲以及整个欧洲都掀起了建设高速铁路的热潮。2002年12月，随着秦沈客运专线开通，我国吹响了高速铁路建设的序曲。目前，中国已建成世界上最大的高速铁路网。

生产一节高铁列车要经历 780 道工序

在高铁馆内，一列高铁列车模型引人注目。该模型就是CRH动车组中的CHR2车型。我国的CRH系列动车组主要由车体、转向架、制动及供风系统、牵引系统、网络系统（旅客信息系统）、辅助系统、车辆环境控制、给排水及卫生系统、人机界面九大技术组成。CRH动车组大家庭的主要成员有CRH1、CHR2、CHR3、CRH5型动车组，速度分为200千米/小时、250千米/小时、300千米/小时及以上三种速度等级。

▲馆内模拟铺设了高铁轨道

目前，生产一节高铁列车，需要经历转向架生产工序、车体钢结构焊接、整车总装工序、整车调试、环线试验等780多道工序。经过十余年的发展和国内科研技术人员的钻研攻关，中国高铁成功地在原有技术基础上消化吸收国外的先进技术，并形成了具有中国烙印的自主知识产权的新一代高铁技术，创造了中国品牌。

▲高速动车组上的转向系统

▲动车组无线通信设备

高铁轨道铺设其实不简单

高铁之所以能"跑"得快，除了高科技含量的列车，还和轨道的铺设密不可分。

高速铁路的线路要求有较高的平顺性和稳定性，这对线路设备的技术标准提出了更高的要求。

我国在高速铁路施工技术上，攻克了松软土、湿陷性黄土、岩溶地区、防冻胀等一系列世界性地质难题，建立了具有世界一流水平的高速铁路路基设计、施工成套技术体系。目前，我国的高速铁路轨道主要采用无砟轨道，是以混凝土或沥青混合料等取代散粒砟道床而组成的轨道结构形式。而无缝钢轨是把标准长度的钢轨焊连而成长钢轨，施工时首先将 100 米定尺长钢轨焊接成 500 米，然后将 500 米长钢轨运到现场焊接为 2 千米，最后将相邻 2 千米长钢轨焊接起来，形成无缝铁路。

无缝铁路与普通铁路相比，列车行走在连续的钢轨顶面，保证了行进的平顺，大幅提高了列车的运行速度。在轨道铺装完成后，还要进行一系列精确检测才能确保动车组的行驶安全。在检测阶段，要用到钢轨打磨车、钢轨探伤车、高速综合检测列车、轨检车、电子平直仪、打磨机、捣固车、清筛机、动力稳定车等一系列设备。比如钢轨打磨车，是由一辆动力车和六辆打磨作业车组成，96个大砂轮磨头可同时打磨作业，列车装备的自动诊断系统就能精确探测到肉眼几乎觉察不出的钢轨暗伤；超声波钢轨探伤车是装有检测钢轨伤损设备的专用车辆，利用超声波法进行钢轨伤损探测，能够探测钢轨的轨头和轨腰范围内的疲劳缺陷和焊接缺陷。

高速铁路通信系统发展迅猛

人们常将铁路通信比喻为人体的"中枢神经"，足见它在铁路运输中的地位。铁路通信系统为列车调度、列车运行速度控制、行车密度控制等提供了安全稳定、可靠、灵活的通信手段。

自有铁路运营以来，铁路通信也就应运而生了，除了提供语音、数据和图像通信业务外，还为行车信号、电力、牵引供电信息（含票务系统）、灾害监测、无线车次号校核等系统提供通道。

铁路通信设备经过不断的技术改造，经历了从早期的模拟通信到二十世纪九十年代中期数字通信的飞跃，从仅仅传输电话、电报，发展到传输语音、数据、图像等综合业务；传输线路经历了从架空明线到对称电缆、小同轴电缆，再到光缆的发展过程；传输设备从早期的模拟明线载波到二十世纪八十年代的小同轴载波，再到九十年代的准数字系列 PDH 技术，直至目前的同步 SDH 技术，一路高歌猛进。铁路通信系统经过几代的发展，已从单一通道、单一手段、单一功能发展为多通道、多手段、多功能的综合通信系统。

江苏铁路在大规模进行新线建设的同时，还加快对既有线路的电气化改造，运输能力和运输实绩全面提升。在全路六次大提速的 10 年间，江苏铁路多次率先承担提速试验任务，京沪铁路沪宁段在电气化改造的基础上，顺利开行时速 200 千米的和谐号 CRH 系列国产动车组，是全国最早开行动车组的线路。江苏铁路迅速推广使用现代信息技术，建立和运用铁路调度指挥管理系统和信息化管理系统，走在全国前列。

南京冶山铁矿博物馆

『穿越』千年，感受中国矿冶的前世今生

南京冶山铁矿有着悠久的开采历史，距今已有 3 000 多年历史，早于欧洲 1 800 多年，被地质学家誉为『开创中国冶炼史的一个里程碑』。

如今的冶山铁矿矿厂区还保留着二十世纪七八十年代的样子，沿着梧桐大道，便可走进著名的南京冶山国家矿山公园。它以矿业遗迹景观为主体，是一个以铁矿采选运为主题的国家矿山公园，而园内的冶山铁矿博物馆更是集中展示了冶山自西周以来的矿业开发与开采场景及用品，有助于游客对冶山铁矿的历史变迁以及多年来形成的风土人情进行更深入的了解。

▲冶山铁矿博物馆

▲冶山铁矿沙盘

▲老矿人的生活场景复原

老矿人眼中的"大会堂"

　　这座被老矿山人称为"大会堂"的建筑物，始建于二十世纪七十年代，在八十年代曾经一度繁华热闹过——它肩负着开职工大会、放电影和举办各类文艺演出的功能。当年，这里是矿山职工和家属周末休闲娱乐的好去处。后来，随着时代的发展，电视机的普及尤其是影碟机、电脑等媒体技术的风行，这里渐渐沉寂下来。

在六合冶山矿山公园筹建初期，独具慧眼的设计师看中了这块风水宝地，经过创意设计，它华丽转身，再次成为冶山铁矿新的标志性建筑——冶山铁矿博物馆，既保留了原建筑风格，又传承了企业文化。冶山铁矿博物馆分为上下两层，整体面积约为2 600平方米。馆内整体平面构思设计来源于汉代钱币内方外圆的造型，表现了刚柔并济的内涵。博物馆共有14个展区，按历史顺序分为古代、近代、现代3个部分，分别向参观者展示了矿山地质形成的概况、矿产资源的相关知识，以及冶山悠久的冶炼历史文化、自然景观、人文景观和配套地质遗迹、选矿遗迹，当地的风土人情等内容，融知识性、趣味性于一体。

▲ 老矿人的各类证件

存世数量稀少的蒸汽火车头

在馆内的图文展板上，冶山矿山与安徽省天长市相毗邻，交通优势明显，矿区至六合、南京、扬州和天长等地区均有公路相通。值得一提的是，矿山正在使用中的冶山铁矿至南京钢铁厂的窄轨铁路（宽762毫米），全长46千米，是国内目前仍然在用，线路最长的窄轨铁路，该窄轨铁路在邻近的六合桂子山风景区还建有客运站。

走进馆内，一台老式的蒸汽火车车头格外引人注目，它就是窄轨火车的车头模型"红旗号"，是按照1∶1的比例仿造而成的模型，前一部分是车头，后一部分是煤水车。煤水车的主要功能是用来装煤炭和水，把后面车厢的煤炭弄到前面燃烧，产生蒸汽进而驱动火车。据悉，蒸汽火车的能耗非常高，每五六十千米就要用掉一车煤炭（2吨左右），而行驶时速只有26千米，只能产生大约380马力的动力。1984年，为了响应国家环保号召，冶山矿业全面停止了这些蒸汽火车头的使用，全部置换成了燃油火车头。

事实上，真正的"红旗号"火车头并非从冶山矿业淘汰出去的，而是由黑龙江省牡丹江市一家机械制造企业特别定制的，造价很高，属于昂贵的"古董"。

▲老式蒸汽火车头

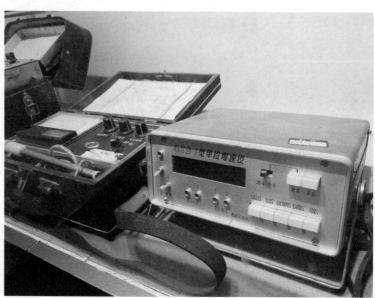

▲当年开采铁矿的各类仪器

镇馆之宝——世界上最早的生铁丸

在馆内，一块巨大的球状生铁丸引起了不少参观者的注意，别看它不起眼，它的"身世"可不容小觑。据介绍，该生铁丸出土于六合区程桥中学工地——春秋晚期吴国的一个古墓，是迄今发现的世界上最早的生铁实物，被誉为"中国的世界之最"，是冶山悠久采冶史的见证，堪称博物馆的"镇馆之宝"。

铁，分生铁和熟铁两种，一般把含碳量小于 0.05% 的叫熟铁，含碳 2%~6.67% 的称为生铁。经考古学家分析鉴定，该出土的球形物为白口生铁。我国的冶炼技术可以追溯到西周时期，考古发现的中国冶炼铁器实物最早的是在甘肃省临潭县磨沟寺洼文化墓葬出土的两块铁条，距今 3 510~3 310 年之间（前 1510—前 1310）。可见，西周末年中国已经进入早期铁器时代。那时候我国就掌握了生铁的冶炼技术，比欧洲早了 1 800 多年，原因是我国很早就有了比较完备的鼓风系统，很早发明了比较高大的竖炉，并能对原料进行较好的选择和处理。

生铁丸的出土，是我国采冶史上的一个里程碑，开创了我国冶铁史的新篇章。冶炼生铁的成功有力地证明了 2 000 多年前古棠邑（六合的古称）的先民们在高炉制作、鼓风送氧、燃料配备、热处理技术等方面已经达到世界领先水平。

此外，冶山铁矿档案馆还保存有多张由相关部门于 1933 年测绘编制的地形图，后经地质填图后成为地形地质图。该图的测绘距今已有 80 多年，是一份珍贵的历史资料，是国内具有典型意义的矿产地质遗迹，也为国家矿业发展史提供了重要证据。

▲春秋时期出土的生铁丸

宁海街道海洋国防教育馆

从这里出发，与海洋结缘

南京市宁海路54号位于颐和路十一片区，这里是南京市民国风貌最集中最突出的历史街区，除了历史文化，这里还坐落着一座全国首家由城市街道投资筹建的海洋国防教育馆。馆内分为海洋知识、海洋防卫、海洋时事、海洋影像、海防科普和海洋启蒙等数个单元，通过图文、模型、多媒体、书籍等载体，生动、全面地介绍海洋知识、海洋权益、我国的海洋资源和海防力量。

▲海洋生物标本展示

▲各类军事模型

展馆溯源：与海洋的深厚情结

南京不是海洋城市，为什么宁海路街道会做这样一个海洋国防教育馆？

馆内讲解员说，南京虽然是一座内陆城市，但与海洋却有着深厚情结。尤其是饱经沧桑的南京市老城区鼓楼区，坐拥南京主城 11 千米的长江黄金岸线，见证过航海家郑和下西洋从决策、筹措直到凯旋的辉煌，郑和下西洋留下的遗迹在这里保存得也最为完整。

近年来，随着国家建设海洋强国战略的实施，南京市鼓楼区委区政府和人武部敏锐地意识到该区厚重的历史传统资源是开展海洋国防教育的独特优势，新的形势也赋予了他们打造城市特色国防文化的时代担当。

据介绍，宁海路街道海洋国防教育馆也是全国第一家由城市街道投资筹建的海洋国防教育馆。2013年以来，南京市鼓楼区作出打造海洋国防教育系列工程的重大决策。经过认真筹划、论证和建设，当年9月，鼓楼区就由宁海路街道依托三步两桥社区办公场所建成一座社区海洋国防教育馆，深受社区居民尤其是青少年欢迎。2016年3月，宁海路街道办公场所整体搬迁，鼓楼区委区政府研究后决定，扩建新的海洋国防教育馆，现今的宁海路街道海洋国防教育馆新馆位于宁海路54号院内。

▲展馆内模拟了未来海底城市的场景

在趣味中学习海洋知识

　　海洋国防教育馆新馆建筑面积约1100平方米，分为序厅、海洋历史篇、海洋形势篇、海洋资源篇、海洋国策篇、辽宁舰航母专题馆、海洋社区篇等部分。该馆运用声、光、电、图、影像等全媒体技术，通过模型、海洋生物标本等实物展示，生动、全面、客观地介绍了海洋知识、海洋权益及我国的海洋资源和海防力量等。

　　走进该馆，首先映入眼帘的背景灯箱就是一幅气势磅礴的海洋图景。在馆内第二单元"严峻的海洋形势"展示区，一块巨大的电子沙盘不仅展示了海疆"九段线"的来历，还生动地表现了我国海洋岛礁被非法侵占的严峻形势。

　　馆内海洋博览厅，介绍了海洋与人类、海洋中国、海洋经济、海洋资源、海洋生物等海洋科普知识。在展厅内，有一块由60寸液晶电视、电脑主机、舵轮操作面板等组成的多媒体海洋宣传及知识互动检索设备，不操作舵轮转动时，设备会滚动播放海洋科普宣传片；而当参观者转动舵轮时，就可以进行海洋知识互动检索学习。另外，模型标本展柜还展示了海监船模型，珊瑚、海星、海螺、海贝等标本。海洋启蒙厅面对的参观人群主要是儿童，宁海路街道在原有早教活动中心的基础上，加以功能型组合，设立孩子喜欢的海洋科普类游戏活动，拼装海洋公园积木、舰船船模等，以及认识海洋、认识舰艇等的多媒体互动游戏等。

▲展厅一角

真实场景感悟海防神圣责任

"建设海洋强国"展区是整个教育馆的"压轴区"，展示了中国近代海战、现代化装备的海洋防卫、英勇无畏的海上长城、岛链封锁、南海维权、中国海防大事记数个版块内容，并运用虚拟现实技术模拟南沙群岛中的场景，有海堤栈道、主权碑、灯塔、海滩等，参观者可以拍照留念，感悟保卫祖国万里海疆的神圣责任。展厅内的航模也是难得一见，中国海军舰艇模型展台集中展示了辽宁号航空母舰、168 导弹驱逐舰、170 导弹驱逐舰、054 护卫舰、潜艇、歼 15、卡 28 直升机模型。

值得一提的是，馆内还专门开设了"岛屿战争"版块，另外，馆内还设一座海洋图书馆，馆藏各种海洋类图书大约 1 万册。

不仅如此，馆内还设有一个小型影院，循环播放与海洋主题相关的影片，在建筑楼上的户外空间，则模拟建设了国界界碑等景观，给参观者营造出身临其境的感觉。

▲图书馆

南京科技馆

体验科技的无穷魅力

你知道生物的进化方式是怎样的吗？人类是怎样进化而来的？汽车是怎样行驶的？基因工程带来什么好处？时间旅行可能吗？……这些问题，你都能在南京科技馆新开设的基础科学展区里找到答案，不妨去一探究竟。

▲化学分子模型

▲体验"方轮车"

好玩有趣的展品

　　南京科技馆基础科学展区历时一年时间精心打造，在 2018 年 9 月 2 日正式和公众见面。该展区位于南京科技馆主体馆一楼，占地面积 800 平方米，分为"数学之美""物理之炫""化学之奇""生命之重"四个分主题，共包含 68 个知识点。它们着眼于每个学科的特点，通过生动多样的展示手段，向公众传播与日常生活息息相关的科学知识，普及物质的运动规律、生命活动的现象和特征，并阐述当今基础科学的发展趋势和应用。

　　当你踏入基础科学展区，面对如此丰富多彩的科技展品时，一定会对眼前的景象惊叹不已，感慨时代的进步。"凹面镜聚热""立体四子棋""十字磨""机械墙""声音阶梯""陀螺仪转椅""荷叶效应""滑板里的力学""七色光坊""听话的小球""元素周期表""碳结构拼装""多样的生命""显微镜下的精彩世界"……每个主题都有多件好玩有趣的展品，让人忍不住想要一探究竟。

小小"混沌摆"里有大乾坤

在"数学之美"展区，一个名叫"混沌摆"的装置引起了不少人的注意。参观者可以用手拨动把手，带动小摆摆动，观看摆动的运动轨迹。

当转动T型的大摆时，三个小摆随之摆动并互相影响呈现出不规则的运动状态，这就是一种混沌状态。混沌研究始于二十世纪六十年代，其中最有影响力的人物就是美国科学家洛伦兹，他在研究大气对流方程时发现，初始值细微的变化，可以产生"失之毫厘，差之千里"的结果，并描述道："南美洲热带雨林中的一只蝴蝶偶尔扇动几次翅膀，几周后可能会在美国的德克萨斯州引起一场风暴。"这就是"蝴蝶效应"的由来。

经过多年研究，科学家们发现，混沌系统是一个非周期性的不可逆过程，它对初始值反应敏感，一个微小的扰动变化，就会产生意想不到的结果。根据这种理论，人们对物理、化学、生物、天文、社会发展等很多领域进行了研究，结果发现了大量符合混沌规律的事物，比如一项科学发现会改变人类的生产和生活方式，一场暴力事件常引发一场战争。

▲混沌摆

▲ "物理之炫"展区的"管道乐器"

"眩光通道"，你敢去尝试吗?

"物理之炫"到底"炫"在哪里? 在该展区的"眩光通道"里, 你也许能找到答案。

在这个看上去非常炫酷的眩光通道里能体验动态事物和静止事物之间产生的相对运动错觉。参观者在现场亲自体验了一把, 当逐步走进通道内部时, 慢慢感觉到地面在"旋转", 身体也忍不住向一侧倾斜。

为什么会有这种感觉? 原来人走进通道前, 由于外界静止参照物的存在, 会感觉一切正常; 走进通道内部后, 视觉参照物变成了筒壁上旋转的图案, 经验产生的视觉信息认为人所处的地面在旋转, 但控制人体自身平衡的前庭神经却感受到人实际处在垂直的状态并没有旋转。相互矛盾的信息汇集到大脑中, 使大脑不能发出正确指令, 因而就会感到头晕目眩、行走困难、身体向一侧倾斜。

奇妙，大猩猩与人类的基因重合率达 98.5%

两百万年前，人属进化出来了，之后的两百万年中，十多种人类，包括尼安德特人先后崛起，而我们现代人是唯一一种存活下来的人种。

"生命之重"展区向参观者展示了生命的起源故事。该展区由灯箱、触屏多媒体、图文板呈阵列块组合而成，以视频剪辑的形式分别展示多样化的生态系统与多样的生命，以及生命的速度、力量，生存策略和生物在自然界中独一无二的韵律美。

"大猩猩与人类的基因重合率居然有 98.5%。" "一千万年前的绵羊跟现在长得差不多……"馆内的孩子们好奇地问东问西，一会儿趴在这边看看，一会儿去那边瞧瞧，对他们来说，这是一次不可多得的了解生命起源和生物进化方式的好机会。

▲ "生命之重"展区

▲立体鲜活的"元素周期表"

立体鲜活的"元素周期表"

还记得中学时代学过的化学吗？背诵过元素周期表的你也许会觉得它既重要又艰涩。在"化学之奇"展区，一个立体鲜活的"元素周期表"让每个元素都更加难忘。

1869 年，门捷列夫发明了元素周期表。当时，人类只发现了 63 种元素，之后，经过 150 多年的努力，人类发现的元素种类达到了 118 种。元素周期表是按照原子序数从小至大排序的，使特性相近的元素归在同一族中，如卤素、碱金属元素、稀有气体等。由于周期表能够预测各种元素的特性及其之间的关系，因此它在化学及其他科学范畴中被广泛使用。

在该展区，这 118 个元素又"复活"了——展区背景以元素周期表为原型，组成橱窗陈列似的元素周期表阵列，每个方块内放有该元素的实物、模型或图像。台面则以元素周期表为原型做成触摸开关面板，参观者可以点击其中的一种元素，然后观看视频播放的与该元素相关的知识，易看易懂，激发了青少年探究科学的兴趣。

南京国防园国防教育馆

体验军营『兵』生活

强化全民国防教育，对于弘扬爱国主义精神、强化忧患危机意识、传承红色基因血脉，以及增强全民国防观念，意义重大而深远。位于南京国防园内的国防教育馆，于1992年7月落成正式对外开放，也是江苏省科普教育基地和爱国主义教育基地。

▲东风三号导弹

国防园内共筑"强军梦"

国防园整个景区占地约 14 万平方米，园内幽静秀丽的自然山林石城山与古城墙等人文景观有机结合，站在高处俯瞰极似猛虎卧地，南京"石城虎踞"就得名于此。从三国东吴建石头城到今已有 1 700 余年，但园内的古清凉门基本完好，烽火台、征虏亭、点将台仍有迹可寻。

国防教育馆以开展国防教育、宣传国防建设成果，进行军事科普教育为主要内容，其中涵盖了中国人民解放军军史馆、钓鱼岛主权馆、军兵种馆、国防知识讲堂等，另外，园内还设有 5D 体验馆、应急避险知识展厅、室外重型武器陈列区、军事体验中心、射击馆、CS 野战基地及模拟演练场、应急避难场所棚宿区、杜鹃花专类园等。

▲ 026 型鱼雷艇

▲展馆一角

趣味性与知识性于一体

　　园内的中国人民解放军军史馆面积近400平方米，通过大量的图片、文字、视频、实物等将我军从南昌起义建军初期到社会主义建设时期走过的风雨历程、取得的成就进行了全面的展示，展览分为土地革命时期、抗日战争时期、解放战争时期、社会主义建设时期等几个部分。

　　改造升级后的军史馆，将更好玩和更具知识性。比如新增最大的亮点是军事音效互动区、军事音效体验区，透过触摸屏，游客可以选择跟着唱中国人民解放军军歌、海军军歌、新四军军歌等，也可以听冲锋号、起床号、熄灯号等各种军号声音，还可以感受飞机起飞、子弹发射、炸弹爆炸等各种武器音效，犹如身临其境。

　　此外，馆内的实物展品也更丰富，除了原有的重机枪、高射机枪等武器装备外，还增加了60式迫击炮、69式火箭筒等实物和模型。

江苏禁毒展览馆

向毒品亮剑

说到毒品，很多人首先会想到它的危害，也有的人认为毒品离我们很遥远，几乎接触不到。

「禁毒」二字看似离我们很远，实际上却和我们的生活息息相关。每年的6月26日，是国际禁毒日，在这一天，不妨走进江苏禁毒展览馆，感受一次生命的重量。该馆通过图片展示、实物陈列、多媒体互动以及一个个触目惊心的案例，向公众展示当今毒品问题的严重性及其危害。

▲林则徐虎门销烟场景复原

生动展示警示世人

该馆是南京中国近代史遗址博物馆的一个重要组成部分，由江苏省公安厅、江苏省禁毒委员会共同设立。馆体为1935年兴建的国民政府主计处办公楼，系典型的民国建筑，上下两层的回字形楼房环绕成一方院落，颇具艺术审美及文物研究价值。院内雪松参天、桂影婆娑，巍然屹立的林则徐铜像和四块反映不同历史时期禁毒主题的汉白玉浮雕，使秀丽典雅的庭院显得格外庄严肃穆。该馆于2009年6月26日首次开馆，免费向公众开放，目前已经被国家禁毒办和共青团江苏省委分别列为全国禁毒教育基地、全省青少年教育基地。

该馆建筑面积2 500平方米，设有"识别毒品，认清危害""牢记历史，勿忘国耻""形势严峻，任重道远""全民参与，坚决禁毒""预防毒品，关爱未来"5个展区，展示了我国禁绝毒品的严正立场和坚定决心，展厅内还复原了三个场景。通过图片展示、实物陈列、多媒体互动、漫画表现等展陈方式，参观者可以了解近百年来毒品给中华民族带来的深重灾难，认识当前毒品问题的严重性及其危害。

目前，江苏省禁毒教育展览馆通过教育部办公厅、公安部办公厅、国家禁毒委员会办公室的联合评审，与全国另外12个单位一起被评为首批全国中小学毒品预防教育社会实践基地。

历史上的毒品是啥样的？

毒品，其实是一个古老的话题。新石器时代，人类在地中海东岸的群山中偶然发现罂粟，小亚细亚人最先开始种植，经过漫长的岁月而逐渐传播开来。公元400年，罂粟由波斯商人传到中国。唐朝，国人掌握了罂粟种植之法，到了宋朝，我国罂粟种植渐广，但主要是观赏花卉……在"牢记历史，勿忘国耻"展区，生动的图文以及实物向公众展示了毒品的历史渊源，毒品文化可以追溯到人类最早期。

公元前1600年，古埃及的医学论文最早提到鸦片可以治疗婴儿的夜哭症；公元前460年，"医学之父"希波克拉底将鸦片用于治疗内科疾病；公元七八世纪，鸦片传入中国，被作为药物使用。

在长达1 000年的岁月里，鸦片一直被人类用于治疗疾病，解除痛苦。后来，当人们超出医疗目的而滥用时，鸦片就成了毒品。

国人吸食鸦片之法来自爪哇，清朝的李圭指出："康熙二十三年（1684年）海禁驰，沿海居民得南洋吸食法而益精思之，煮土为膏，镶竹为管，就灯吸食其烟。"

清朝末年，鸦片烟馆子遍布城乡，吸食鸦片者众多。鸦片泛滥给中国带来深重的灾难，自1729年，清政府多次下令禁烟，特别是1839年，林则徐在广东虎门销烟。清朝历代统治者和国民政府都曾开展过禁烟运动，但鸦片烟毒不仅禁而不止，而且愈加泛滥。新中国成立之后，中国共产党领导全国人民在很短时间内就彻底禁绝了烟毒，创造了世界禁毒史上的奇迹。

▲罂粟植物标本

▲唐朝时期，东罗马帝国进贡的鸦片（模型）

毒品你认识多少？

虽然大部分人从小就知道要远离毒品，可是很多人对于毒品的认知却相当匮乏。

毒品，是一个庞大的家族，目前世界上的毒品多达 600 余种，而随着新型毒品的不断出现，毒品种类将会更多。在馆内，禁毒理论上将毒品分为三大类，即传统毒品、合成毒品、第三代毒品。

传统毒品是指鸦片、吗啡、海洛因、大麻、可卡因等从毒品原植物中提取出的毒品。其中海洛因成瘾快、毒性烈，长期吸食后人的身体会变得消瘦，目光无神，机体先天免疫功能逐渐丧失，最终导致死亡。

合成毒品是指甲基苯丙胺（俗称冰毒）、氯胺酮（俗称K粉）等靠化学合成方法加工而成的毒品。冰毒现已成为我国滥用人数最多的毒品。长期使用冰毒可导致永久性失眠、大脑机能破坏、心脏衰竭以及精神分裂症，剂量稍大便会中毒死亡。

第三代毒品，是指新精神活性物质，又被称为实验室毒品、"策划药"。是不法分子为逃避打击而对管制毒品进行化学结构修饰得到的毒品类似物，具有与管制毒品相似或比其更强的兴奋、致幻、麻醉等效果，该类物质少量吸食会出现心跳加速、血压升高、肝肾功能衰竭等急性中毒症状，危害是第一代毒品的1 000倍。

▲展馆一角

南京邮电大学通信展览馆

从「见字如面」到「万物互联」

如果没有烽火报军情，如果鸿雁懒传书，如果电报、电话和无线电未发明，如果互联网今天才出现，历史也许将会被重写……不经意间，通信改变了历史。今天，通信技术已经融入我们每个人的生活中。

南京邮电大学通信展览馆是全国高校首个通信主题展览馆，它以「世界通信南邮同行」为主题，从古至今、深入浅出地介绍了通信技术的发展历程和对国家通信现代化的贡献。从古代的烽火、邮驿通信，到现在物联网与5G技术，你都可以在这里尽情领略。

▲老式磁石电话交换机

▲早期的大型数字程控交换机

磁石电话交换机见证通信发展历程

1876 年，贝尔发明了电话。1882 年，电话传入我国……电话的诞生，无疑是人类通信发展史上的一个里程碑。

最初的电话机是由微型发电机和电池构成的磁石式电话机。在馆内，一台二十世纪五十至七十年代在网的磁石电话交换机特别引人注意。对于今天的年轻人来说，对这样的机器的印象可能还停留在早期的影视作品中。

这台磁石电话交换机所承担的功能，相当于电话通信中的中继站，它分别连通着主叫方和被叫方。在实际操作中，需要有一个接线员坐在操作台前，通过操作面板上的塞绳和塞孔来完成每一个电话的呼叫。

摆在磁石电话交换机旁边的这台大型程控交换机，也是早期语音通信的载体之一。二十世纪八十年代，我国通信网络相比世界先进水平还非常落后，无法自己独立设计和制造大型数字程控交换机。在这个关键时期，南邮人勇敢地承担起了重任。以陈锡生教授为代表的老一辈科技工作者率先研发出我国第一套用于大型程控交换机的 7 号信令系统，编写出版了我国最早的 7 号信令专著，打破了国外对我国程控交换技术的垄断，这为后来包括华为、中兴、大唐等在内的国内公司大规模生产程控交换机、解决人民群众迫切的通信需要奠定了基础。

▲ 老式电话机

▲ 960 路微波设备

1960 年，南邮研制出江苏第一台电视机

1906 年，美籍加拿大人费森登首次采用无线电调制技术广播了音乐和讲话；1931 年美国首次试播黑白电视成功；1956 年，世界上出现了彩色电视……我国于 1958 年 5 月 1 日试播电视，60 多年来，经过黑白电视、彩色电视、数字电视，再到 3D 电视、高清电视和 4K 超高清电视，我国已经跻身世界广电强国的行列。

南京邮电大学自 1958 年起开设广播电视专业，为国家培养了大批广播电视专业人才，目前从中央到地方广电系统的不少技术骨干都毕业于南邮。

"1960 年，南邮研制成功江苏省第一台黑白电视机和第一套黑白电视播出系统。当时的江苏电视台实验台采用了这套黑白电视播出系统。"工作人员介绍说。这一成果使江苏由此成为当时继北京和上海之后第三个拥有电视台的省市。1960 年 5 月 1 日，江苏正式播出电视节目，很多机关单位派车拉着员工们集体来南邮看电视，当时的盛况让参与研制的老教授仍然记忆犹新。

黑色的外壳，屏幕很小，当年轰动全城的第一台电视机已经没有实物了，但在馆内还保存着极为珍贵的图片资料：当年参与联合攻关的年轻教师们围聚在自己开发的电视机前，脸上满是兴奋。

能搭建通信"生命线"的"动中通"

展厅里，还陈列着许多让南邮人引以为豪的"宝贝"，由南邮人自主研发的便携式卫星移动通信系统"动中通"就是其中一个。这个看上去挺庞大的设备，可以快速折叠后由单人背负携带。展开天线，只需要按下启动按钮，就可以在数分钟内自动对准卫星实现双向语音和数据通信。

卫星通信具有容量大、覆盖广、多址灵活等特点，理论上，只要有三颗同步卫星形成一定的角度就可以实现全球覆盖。但早期的卫星通信地面站系统体积庞大，难以移动，而在很多重要的救灾应急等场景中，迫切需要能够随身携带、车载或者船载的卫星通信系统。

南邮自主研发的"动中通"便携式卫星移动通信系统，既可车载也可船载，能在任何地形上迅速展开，自动对准卫星并保持跟踪，建立卫星的通信链路可以实现远程数据传输和实时视频传播。相对于昂贵的国外同类产品，南邮自主研发的"动中通"很好地解决了这个问题。对搭建抗震救灾通信"生命线"能起到重要的作用。

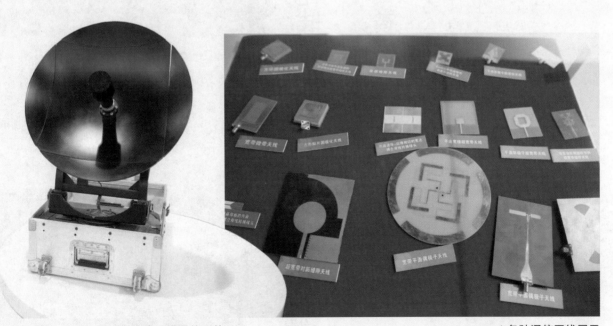

▲便携式卫星通信系统　　　　　　　　　　　　　　　　▲各种通信天线展示

中华莲文化博物馆

千年「藕遇」，「荷」处相逢

莲花，以其独特的生长习性在地球上生存了1.35亿年，6 000多年前逐渐走进人们的生活，2 700年前由野生状态转为人工栽培。位于南京市浦口区永宁街道的西埂莲乡，北枕滁河、前眺老山，是远近闻名的莲藕种植基地和莲藕之乡。近年来，浦口区在此基础上，对当地基础设施、荷花品种、莲藕产业等进行了提档升级，打造出一个以莲藕种植为支撑，以「莲文化」为平台，集科普教育、农事体验、农产品深加工等于一体的乡村旅游基地。

▲ 盛开的莲花　　131

▲ "并蒂莲" 是荷花中的精品

一亿三千五百万年前中国就有莲花

莲花的起源地是哪里？分布情况怎样？食药价值如何？在西埂莲乡的中华莲文化博物馆内，你都可以找到答案。莲文化博物馆面积约750平方米，一层展示了莲花的起源、分布、应用等科普常识，并有融声光电于一体的视频展示；二层是关于莲文化的深度挖掘以及衍生的家风文化、廉政文化。

在展厅一侧，一块莲叶化石格外精致。早在人类出现以前就有了莲花，是被子植物中起源最早的种属之一。1.35亿年前，大陆、海洋被分开，气候温暖、干旱，存在10~12种莲属植物，且五大洲均有分布；冰川时期，地球气候发生剧烈的变化，许多动植物相继灭绝，另一些被迫迁徙，莲属植物也未能幸免，仅幸存中国莲、美国莲两种，分布范围随之缩小。中国莲分布在亚洲、大洋洲北部，漂迁至北美洲的则为美国莲。

长久以来，一些国内外生物、植物、园艺专著认为莲花的原产地为印度，后随佛教传入中国。然而，史学界经过多年的调查研究，认为莲花并非"舶来品"，而是原产于中国。生理学家巴甫洛夫在1926年提出：遗传变异最丰富的地方作为该种植物的起源地，是推断植物起源的最基本的方法。他把地球上许多作物的起源分为8个区域，其中属中国地区起源的有24种，莲花是其中之一，证实了中国是莲花的起源地。此外，40多年前中国学者在柴达木盆地发现了荷化石，1987年在殷商古墓中还发现了炭化莲子，这些考古发现也证明了中国是莲花的发源地。

莲花全身都是宝

莲花有着极强的适应性，既可广植湖泊，蔚为壮观，又能盆栽瓶插，别有情趣。随着审美意识的提高，人们通过挖湖筑塘、堆山叠石、修桥建阁的手段，依山缀水、植荷观花，寻求水天一色、自然和谐的自然景观，审美情趣由侧重湖塘莲花的群体美扩大到庭院水池直至微型盆景、碗莲发展的个体美。

▲婀娜多姿的睡莲"万维莎"

　　除了观赏，莲花还有很高的食药价值。古药典《本草纲目》中记载："荷也称莲，全身无废也。莲即可食用，也可药用，长年食用可以延年益寿也。"可见，莲自古以来就被视为天然的滋补营养品。花、藕、莲子中富含蛋白质、多种维生素以及微量元素，中医认为莲子性平味甘、涩，入心、肺、肾，具有补脾、益肺、养心、益肾和固肠等作用。鲜嫩碧绿的莲叶，用开水略烫，再用凉水漂凉，用来包鸡、包肉，蒸后食之，其形态特殊，风味别致，更是上等佳肴。

　　莲花除了食用，亦能入药。早在秦汉时代，人们就将莲花作为滋补药用。莲花之药用，亦取其各部分的性味、功能，虽是同株，但有异同，就整株莲花而言，能入药的部分竟达12处之多，与其他植物相比实属罕见。

　　传说战国时期的越国大夫范蠡送西施到吴国，走到嘉兴时，西施感到胸口发闷，范蠡给西施诊疗下药，但不见效。有一天，一个丫环捧了一大捆莲蓬向范蠡说，当地老百姓听说西施患了心病，特地采了莲蓬，莲子的莲心是专治心病的特效药。范蠡炖了几次莲心羹给西施服用，果然没多久西施的心病大有好转。宋代赵潜在《养病漫笔》中记载：南宋皇帝赵构的嗣子赵春很喜欢吃西湖的螃蟹，患血痢，久治无效，连太医妙手也无能为力。后来竟被一名卖药的小贩用新采的藕节给治愈了。据现代医学分析，藕节含有2%的鞣质和天门冬酰胺，具有收敛止血作用，并能解蟹毒。

珍贵荷花品种争奇斗艳

　　站在莲文化博物馆二层的观景位置向外看，西埂莲乡荷博园内的荷花千娇百媚，近千亩的荷花连片种植，宛如进入了一个荷花的美丽世界中。

　　如今的西埂莲乡已引入600余个荷花品种和200余个睡莲品种，包括古老的"中国古莲"、珍贵的"秣陵秋色"、佛教圣物"千瓣莲"以及被赋予时代特色的"中国红系列"等，色彩丰富、姿态各异，美不胜收，已成为华东地区规模最大的精品荷花观赏及科研科普基地。

　　"中国古莲"是中国最古老的莲花，已有1 000~1 500年的栽培历史，它花瓣少，单瓣呈淡桃红色，花色明丽、清新淡雅，极具简洁古朴的中国风形象，该品种于辽宁省普兰店近1 600余年的泥炭中掘出，为千年古莲子，表皮已碳化，二十世纪五十年代由中科院北京植物园播种而出；"秣陵秋色"，这个品种原本只见于古书及佛经中的黄色金莲，系引进美国浅黄色"美洲黄莲"与本地荷花杂交而成，因育成于南京且与秋天的菊花相像而得名，其尖端微绿，通体金黄，花态飞舞，是世界上颜色最黄的荷花，也是西埂莲乡最名贵的莲花珍品；"千瓣莲"，其花瓣繁多，颜色粉红，形态富丽，重重叠叠，雄蕊、花托、心皮全部瓣化，没有莲蓬，不结莲子，愈近花心愈加密集，其花瓣一般为1 000~2 000瓣，最多时可达3 000余瓣，不仅是荷花中花瓣最多的品种，也是自然界中花瓣最多的花卉之一。

　　除了赏荷，西埂莲乡还依托莲文化平台，初步建立了"荷"产业链，开发了莲藕汁、藕粉、荷叶茶、荷花茶等系列产品，带动村民增收致富。目前，景区规划面积9 000亩，已开发核心景区2 000亩，已建成荷博园、中央荷塘区、休闲渔业区、生产研发基地、房车营地5大功能区，为游客提供一站式的旅游综合服务。

▲莲花纹样鼻烟壶

南京紫金山昆虫博物馆

与昆虫来一次亲密接触

2007 年，南京中山陵园管理局就牵头对紫金山动植物资源进行了全面调查和系统归类。据介绍，紫金山动物资源十分丰富，又属昆虫种类最多。目前统计有昆虫共计 15 目 150 科 847 属 1188 种，其中蛾类 28 科 355 属 494 种，蝶类 8 科 56 属 92 种。

每一种昆虫背后，也许都有着纷繁复杂的演化故事，蕴含着地球千百万年来沧海桑田的伟大历史，而这些正是他们长期深入研究昆虫这个类群的动力。

▲彩虹锹甲活体展示

以互动式体验探索自然奥秘

尽管紫金山上蕴含着丰富的昆虫资源，但是要近距离地观察昆虫却并不是一件容易的事情。在南京紫金山昆虫博物馆，参观者可以近距离地观察呆萌的甲虫、绚丽的凤蝶、含剧毒的蜘蛛、隐身的飞蛾……能够仔细欣赏昆虫身上的每个细节。

走进馆内的鳞翅目昆虫厅，仿佛置身于一个奇异的蝴蝶世界，这里陈列着五彩斑斓、形态各异的蝴蝶标本。蝴蝶是鳞翅目昆虫中锤角亚目昆虫的统称，目前世界上已知的种类有两万余种。

展厅中央生态玻璃饲养缸内，展示了不同种类的蝶蛹蛾茧，分别模拟了蝶类和蛾类的不同生态环境，用标本展示它们访花、吸水、趋光等行为习性。

馆内展示的蝴蝶标本不仅漂亮，而且还非常细致，连蝴蝶身上的绒毛、翅膀上细小的花纹都清晰可见。其中，被列入国家二级保护野生动物的中华虎凤蝶尤其令人惊叹。

中华虎凤蝶是我国独有的一种野生蝶，翅膀上的色彩和条纹可以保护其在森林中不被天敌发现。由于其独特性和珍贵性，被昆虫专家誉为"国宝"，而南京是其生存数量最多的地区，它们每年只在早春出现于特定的狭小区域。

南京紫金山有着稳定的地带性森林植物群落，夏季湿润凉爽的空气利于马兜铃科植物杜衡的生长，而虎凤蝶幼虫只吃杜衡这一种植物；冬季，厚厚的落叶还是虎凤蝶蛹越冬的必要条件。因此，这里成了中华虎凤蝶的天堂。得益于紫金山得天独厚的自然资源，昆虫博物馆便有了其独特的优势，除了中华虎凤蝶，很多珍稀且奇特的昆虫在紫金山上都能观赏到。

依托于紫金山，博物馆还针对中小学生开发了充分结合和发挥学校与博物馆各自资源优势的"研学课程"和"馆校结合课程"体系，通过知识与实践的结合，打造昆虫、植物特色课程，用科学的方法引导孩子走向自然、了解自然、保护自然，培养孩子探索自然的兴趣。

正因如此，博物馆也不再是传统的"博物馆"，而是得益于互动体验式探索自然奥秘的创新科教手段，成为一个展示多样生物、探求科学新知的"自然高地"。

有学者探访过昆虫博物馆后这样评价：昆虫博物馆以巧妙的设计结构和丰富有趣的内容，带给参观者别样的观赏体验和学习经历。从学术角度来说，内容丰富扎实，能给人们带来有效的科普；从生态层面来说，较为详细地阐述了昆虫、人类和大自然的关系，让人们在游览之余能有理性的思考。

▲各种天牛标本

▲标本墙一角

走，与昆虫们来一次亲密接触

人、其他动物包括昆虫、植物，所有的生命都是自然界生态系统的一环，昆虫，是孩子们接触自然的最好媒介。但是，在现实中，很多人却对昆虫的兴趣并不大，甚至有些惧怕昆虫。

对昆虫的讨厌或恐惧，其实源于他们在成长过程中对自然接触的匮乏。人天生对万物好奇，更不排斥色彩斑斓、形式多样、会动的昆虫，所以我们往往能看到很多孩子开心地接触昆虫，家长们却不敢触碰。相较于70后、80后的小时候，现在青少年对于自然的认知要好得多，这得益于国家对于公民科学素养的重视以及网络的普及。

有学者认为，一座城市建造的基础本是动物的生存环境，所以从某个角度来说，一个城市本身就是一座自然博物馆，只是在生态岌岌可危的当下，想深入体验自然也许并不那么容易，也许我们需要采用小型的自然博物馆来搭建城市与自然沟通的桥梁。

所以，对于大多数人来说，最激动人心的还是可以和活体的昆虫来一次零距离接触。

在馆内，活体的昆虫被分装在一个个透明的养殖箱中。平日里这些昆虫在养殖箱中都有严格的养殖程序，除了每天按时喂食，还要保持恒定的温度和湿度。说着，他展示了一只叫幽灵竹节虫的虫子，仿佛一只戴着棕黄盔甲的战士。

幽灵竹节虫是竹节虫中的另类，因为它同时会模仿树枝和枯叶，它的身体像一段枯树干，足却像干枯的叶片，浑身长满尖刺。最为奇特的是它的头部，长着尖刺，向后延伸的头顶看起来像极了恐怖片里的外星生物，又像"植物大战僵尸"里的僵尸头，因此被誉为"世界上最丑陋的昆虫"。

这只幽灵竹节虫被放出来后，它立马抱着树叶大啃特啃起来。这种昆虫原产于澳大利亚，是被引进的，室温必须22℃以上，到了冬天还要不停地给它们喷水。

▲兰花螳螂
◀各类昆虫标本

▲巨大犀金龟活体展示
◀椿类昆虫标本

创新博物馆未来发展新模式

昆虫种类数量以百万计，是表达生物多样性非常好的载体。紫金山昆虫博物馆通过系统、系列的标本和活体展示，传达给观众关于昆虫与自然更丰富的知识。它融合各种展示方式，系统增加了博物馆的互动体验感，并通过环境营造和艺术装置，尝试呈现出生物的自然之美。

每年的 7 月份，南京紫金山的某片山林中，都会有成群的萤火虫轻舞飞扬，成为仲夏夜一道柔美的风景线，并吸引大量的市民前来观赏。但这也给萤火虫的生存环境带来了比较大的压力。昆虫博物馆也将适时推出萤火虫研学主题，让孩子们观察萤火虫从幼虫到成虫的变化过程。

紫金山昆虫博物馆的开设，正是馆内工作者把目光重新投向青少年科普所迈出的一步。他们想要用寻觅、展示、保护、科普的方式，守护好南京这座大城市中的一方小天地，同时告诉青少年，人类不是城市中唯一的住客，还有许多小生灵和我们共享同一片天地。他们希望用尽量多元的形式转化为可以让公众了解的科普信息，使他们感兴趣，也乐于参与。同时，也期待能吸引更多的青少年去关注自然，让他们得到专业的指引，他们是未来，会把这个观念传播下去。

中国北极阁气象博物馆

一座北极阁，千年气象史

从南京鼓楼向东眺望，有一地处闹市、风景秀丽的小山，山上有一座白色塔楼掩映在苍松翠柏之中——这就是南京人尽皆知的鸡笼山和北极阁，这里也是与人们息息相关、风雨相随的江苏省气象台所在地。

北极阁，因为气象而历史悠久，它像一位老人，见证了古人探索天气奥妙的历史；北极阁，也因为气象而气象万千，它像一条河流，展现了我国近代气象事业源远流长的风景。1997年，中国气象局规划在北极阁建立国内第一个气象博物馆，它依附于北极阁上的一些气象建筑而建，分为外部景观和内部展示两个展区，并与办公区自然融合。

△航拍北极阁

143

▲日晷

古人曾在这里观云测天

从很早时起，北极阁就和观星沾上了关系。

很多人认为，中国古代只有天文台而无气象台，这是一个误区。其实，过去古人观象既观天象，又观气象。人们发现某些恒星位置可以表现为相应季节，所以在以农耕为主的古代，对天象及其节气的观测非常重视。此外，观象台也对寒、燥、湿、旱、涝、风、冻等气象现象进行观测。

据史料记载，早在距今 1 600 多年前的六朝刘宋时期，鸡笼山（又名钦天山）上即建有观云测天的"灵台候楼"，并设专职官员观天象、测风候，提供数据，编制历法，我国古代气象和天文发展史由此发端。

南京大学考古与历史学专家蒋赞初在其著作《南京史话》中有一段记载："南宋时帝王在鸡笼山腰及附近大规模扩建皇家花园——华林园，又在鸡笼山的最高处筑有'日观台'，又名'司天台'，作为观测天文和气象的地方，这也可说是今北极阁气象台的最早开端。"书中记载，南朝一些科学家长期在司天台上观天测象，何承天、祖冲之等人就曾常年活动于鸡笼山、九华山及附近的国学馆，修订《元嘉历》《大明历》等中国古代历法。

康熙皇帝登临欣然题字

明洪武时期，改"鸡笼山"为"钦天山"，建"观象台"，又名"钦天台"。彼时观象台规模已相当壮观宏大，配置了当时世界上最先进的浑天仪、简仪、圭表等观象设备，既观气象又观天象，我国古代气象和天文发展进入巅峰时期。明观象台建设近一百年后，意大利利玛窦重游南京，参观钦天山观象台，当时台中仍有司天者在台考察天象。

明永乐皇帝迁都北京后，钦天台逐渐式微，规模大不如前。直至清朝康熙七年，钦天台方被废弃，台内留存数百年的明代观测仪器，也被全部转移到北京。最终，钦天台的浑天仪、简仪等原器又转回南京并被放置于如今的紫金山天文台内。

与六朝鸡笼山和明代钦天山辉煌灿烂的天文气象历史相比，北极阁作为一座楼阁的历史则要短暂和凄惨得多。1684 年，清康熙皇帝南巡，登临钦天山游览，伫立观象台，畅观金陵山川、俯瞰玄武风光，欣然题字"旷观"二字。是年冬天，地方官员便在此立碑建亭，并在钦天山建起北极阁等建筑。据考证，其取名"北极"，是源自该阁位于六朝古都之北，从此"钦天台"被"北极阁"正式取代。清乾隆时期，鸡笼山北极阁胜景，以"鸡笼云树"名列金陵四十八景之一。

遗憾的是，北极阁在咸丰三年 (1853 年) 被太平军焚毁。同治十年 (1871 年) 重建后，又因张勋在辛亥革命时将指挥所设在北极阁，遭江浙联军炮轰而毁损严重。到民国时期在北极阁上建气象台时，其已摇摇欲坠，因而被彻底清除。因此，如今鸡笼山巅的四层六角形塔式建筑并非清代的北极阁，而是民国时期在北极阁原址上改建的气象台。

中国近现代气象的发祥地

1927 年，胸怀"科学救国"理想的著名气象学家竺可桢，在鸡笼山筹建了中央研究院气象研究所，次年在此建立了气象台，北极阁因此成为中国近现代气象事业的发祥地，人们也沿袭原名将气象台塔楼及其周围建筑统称为北极阁。

竺可桢 1921 年留美回国后，在东南大学教气象与地理期间，先是编写了我国第一部气象教材，随后开始选址建气象台。最终他选定了北极阁——因为这里高爽开阔。之后，竺可桢多方奔走，争取国民政府的支持，筹集资金、规划设计。前后耗时三年后，研究所、气象台、图书馆、道路等一应设施均告完工。

竺可桢于 1929 年至 1937 年间，创办了四期气象学习班，这些学员中有相当一部分都成了当时的气象业务骨干，我国老一辈著名气象专家如胡焕庸、涂长望、吕炯、程纯枢、赵九章、黄厦千等人均曾在研究所任职或从事气象科研工作。

新中国成立至今，北极阁一直是江苏省气象台所在地。2010 年 3 月，经中国气象局和江苏省政府共同立项，在北极阁气象台原址上建成了中国北极阁气象博物馆，并定期对外开放。

▲ 竺可桢像

800 年前的古人用"铜鸟"测风

走进北极阁气象台的大门，"中国北极阁气象博物馆"石碑映入眼帘，石碑西侧是由鸾凤风向仪、《相风赋》水景墙等组成的博物馆室外展区。

伫立在高高石柱顶端的鸾凤风向仪，是 800 多年前古人用来测量风向的测风器，为黑铁铸成，也称为"铁鸾凤"，由头、尾、腹、背、足、翼等构件衔接而成。鸾凤两足立于圆盘之上，圆盘中心有孔，枢轴垂直通过圆盘中心，当风吹来的时候，鸾和盘随风而动，保持鸾头迎向来风的方向，用来测风。

其实，中国古代很早就开始了对风的观测，在黄帝时代就有"相风玉鸠"；到秦汉时代有了"相风鸟"，宫廷和寺院用铜铸造了精美的"相风铜鸟"；晋朝时皇帝出行，仪仗队中就有一个人为他举着一个比较轻便的木制的相风鸟，用鸟身测风向，鸟口衔花测风速。北极阁内的鸾凤风向仪为仿制品，其实物现存于山西省浑源县恒山北麓的圆觉寺内，辽金时代制成。

鸾凤风向仪的对面是喷泉池的水景石刻墙，那里镌刻的是1 800多年前东汉经学大师郑玄所作的《相风赋》："昔之造相风者，其知自然之极乎？其达变通之理乎……"赋中称赞了发明相风鸟的人学识渊博，精通自然之极、变通之理，生动叙述了应用这种测风仪器的精妙之处。它还指出当时的人们是通过相风鸟来感知天意和吉凶的，他们将相风鸟比喻成"栖神鸟于竿首"。由此可见，当时的人们对风在气象变化中的意义已经有了深刻的认识。

▲掩映在苍松翠柏中的北极阁

▲ 清代测雨台

书写气象历史的文化名片

古代人用什么来测量云雨？在室外展区，放着一座仿制清代乾隆年间制造的测雨仪器。雨量器以黄铜制造，为圆筒形，筒高一尺五寸，圆径七寸，置于测雨台之上，用于量雨。

在古代，人们其实早已经开始对雨量进行测量，但并非使用测雨器，何时开始使用测雨器的目前也难以考证。宋代科学家秦九韶在《数书九章》中曾记载了"圆罂测雨"，即将圆罂中承接的雨水用数学方法计算，得到平地雨量。直到清代前期，用测雨器测雨才有了史料记载和实物考证。

有一座利用山坡墙壁建成的巨大浮雕墙，描绘了中国气象事业从三皇五帝到中华人民共和国成立以后的发展历程。浮雕前的草坪上，矗立着中国古代 8 位著名气象历史人物的雕像，他们分别是周朝三十节气系统制定者吕尚，春秋时期提出著名

"天时、地利、人和"观点的管仲，西汉科学阐述阴阳二气、风雨雷电等天气现象的董仲舒，东汉在《论衡》中论述气象和自然灾害问题的王充，唐代在世界上最早划分风力等级的李淳风，北宋通过南北古生物化石的对比推断出气候变迁的沈括，南宋我国雨量测量科学的奠基人秦九韶，清代发明温度计和湿度计的黄履庄。置身其间，如同在时空穿梭中感受古人观天测雨、经历千年炎寒冷暖一般。

古人抚琴即可知道下不下雨

北极阁气象博物馆的内部展示区，设在建于1931年的原中央研究院气象研究所的三层楼内。该楼位于北极阁塔楼北面，飞檐翘角、屋面歇山顶式，清时康熙皇帝亲笔写的"旷观"纪念碑就立于楼前，当年竺可桢的办公室也在楼内，现在为国家重点保护文物。

内部展区分古代气象、近代气象和当代气象三个主题区，每个展区都陈列着从全国各地征集来的一些与气象有关的文物、文献等珍贵藏品，还制作了大量气象仪器和历史资料的复制品。置身其中，仿佛在阅读一部鲜活的"中国气象史"。

在室内古代展区，一座古人抚琴的模型格外引人注目。原来，早在先秦时期，人们就掌握着一种颇有才气的预测天气的方法，那就是弹琴——大气湿度不同时物品会发生不同程度的变形或变音。"古人只要抚琴就知道下不下雨。"所以时不时撩拨一下琴弦，如果音色变沉变重，那很可能是因为琴床潮湿导致琴弦变松，也就是风雨要来的节奏。根据同样的原理，古人还会通过悬挂木炭、观察皮革和草木灰来预测降雨的大小。

当代展区内，有一件展品很特殊，站在它面前，你仿佛置身浩瀚宇宙中放眼观赏我们的地球。这是一个位于展厅正中央的圆球，它实际上是一个大型360度视频播放系统，其原理是由一台计算机控制四台高性能投影机，通过将画面投射到球体屏幕上来呈现影像。通过转动这个"地球"，我们可以很直观地观察世界各地的气温、洋流、风、大气等的活动规律和历史数据，直观而清晰，仿佛就是一部含纳万千数据的"气象字典"。

第二章

品读文化，修心之旅

江苏五环彩票博物馆

清代的彩票长啥样

来自菲律宾的『吕宋票』、中国最早的彩票专卖店的匾额『万利彩票行』、中国第一代电脑型体育彩票摇奖机……南京秦淮河畔、清凉山下，有着一座不为人知的小众博物馆——江苏五环彩票博物馆。

在这里，你可以一饱彩票历史文物的眼福，领略彩票文化的博大精深。

江苏五环彩票博物馆隶属于省体育彩票管理中心，是一座集陈列、展览、收藏于一体并研究体育彩票发展、传播彩票文化的博物馆。

▲ 清朝末年彩票销售场景复原

▲馆内收藏了近万枚彩票藏品

彩票文化源远流长

彩票，是一种印有号码、图形、文字，和一定面值，由购买人自愿按一定规则购买并确定是否获取奖励的凭证。彩票文化源远流长，内涵博大精深，上溯天文，下及地理，古今中外，熔于一炉，映照时代之进步、人文之发达。彩票起源于两千年前的古罗马，在罗马帝国时期，国王利用节日或通过举行大型活动进行彩票游戏，旨在增加节日气氛以及为国家筹集资金。起初的彩票，只是在皇室及商人中流行，后来逐渐盛行于欧洲，并日益成为一种时尚。

　　江苏五环彩票博物馆现有 1 000 余套、近万枚藏品。藏品以体育彩票为主题，时代跨度近一个半世纪，既有早至 1852 年的清代彩票、近代的民国彩票，也有改革开放后各地发行的地方体育彩票以及 1994 年统一发行的中国体育彩票；在形式上，藏品既有彩票实物，也有各类彩票宣传品，有不同时期的彩票摇奖与销售器材等物品，还有体育彩票公益金支持的奥运争光计划、全民健身活动、场馆设施建设、救灾、助学等多项成果展示。这些藏品不仅高度浓缩了我国彩票事业从无到有、从小到大快速成长的历史变迁，还简练勾勒出体育事业发展的辉煌历程。

　　博物馆主展厅分为三部分，第一部分主要展示中国近代体育彩票的萌芽发端，以及清朝末年彩票销售场景还原等。第二部分为中国体育彩票精品展示，有新中国有记录以来的第一张彩票"一九八四年北京马拉松赛奖券"等实物。第三部分为江苏体彩实现跨越式发展的历程，展示江苏体育彩票的发展成果。

▲江苏五环彩票博物馆内部展区

▲清朝时期的历史实物——"吕宋票"

"吕宋票"——最早在国内销售的彩票

步入展厅，一张泛黄的、皱巴巴的纸片首先就会映入你的眼帘。别小瞧了这张"破纸片"，它可是当时最早在国内销售的彩票之一，名叫"吕宋票"。"吕宋票"其实是舶来品，最初是由西班牙人在菲律宾马尼拉发行，在吕宋岛上开奖，各地兑奖，因此而得名。

"吕宋票"是1870年前后流入我国境内的。光绪初年，洋商为扩大销售，在上海租界设立分支机构公开销售，后来逐渐扩大到其他地域，在江苏的南京、镇江也曾有过"吕宋票"的销售点。光绪十四年（1888年），有一位号称"杞忧子"的人士，因为义赈活动筹赈艰难，而倡议仿照"吕宋票"设中国票纸。上海有的彩票店号也根据"吕宋票"的号码，自己印了一种凭证，将"彩票"分条出售，这也是我国最早的有关彩票的记录。

这张"吕宋票"是1886年由上海有利洋行发售，票面上有销售洋行的印戳。该彩票长16厘米、宽5.5厘米，面值为50美分，彩票正面印有编号、发行单位、开奖时间和彩票说明，并附有封套。这张彩票是清末时期的历史实物，甚为罕见，因此十分珍贵。

"万利彩票行"匾额见证彩票百年沧桑史

　　在"吕宋票"进入中国期间，广东籍举人刘学洵赴京会试时发行了一种名为"闱姓"的博彩游戏，科举考试前他将应试者每人的"姓"印在纸上，定价出售，由购买者选填中榜者的姓。发榜后，按猜中多少依次获得头、二、三等奖，并发给相应的彩金。后来，这种"闱姓"游戏流行于广东，且"官督民办"的博彩越演越烈。科举未废时，在光绪年初曾采用过"闱姓"游戏的方式用以捐助军饷，同时有的地方政府还征收"闱姓"税，这就是我国彩票的雏形。

广东全省见文乡科教光单用姓彩票
1893年（光绪癸巳年）

广东早期白鸽票（有小街独之称）
票中以《千字文》第80个字依序排列

白鸽票游戏方式示意图

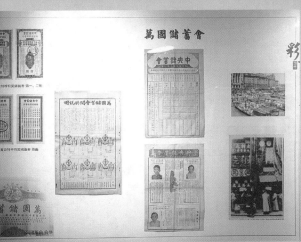

萬國儲蓄會

上海赛马机构简介

▲馆内藏品

馆内还有一块写着"万利彩票行"字样的匾额，这块匾额全称为"上洋分此万利彩票行"，是我国最早的彩票专卖店的店招，它证明了在一百多年前我国就已有彩票专卖店，这块匾额已成为我国彩票百年历程的见证。

"上洋"是指清朝对上海的地方称呼，早在明代《弘治县志》里就记载：上海县称上洋、海上，这个别称直到清末、民国初期还很流行。万利彩票行是在菲律宾"吕宋票"流传到上海以后应运而生的，1900年开始外国商人在租界陆续开设了广济、广益、和益、瑞成等十来家彩票公司，同时，还在杭州、镇江、南京等地设立彩票行。如今，它已与清朝"闱姓"游戏等彩票文物并列为"镇馆之宝"，对研究彩票文化，推动我国彩票事业的发展具有重要意义。

▲ "万利彩票行"匾额

"北京国际马拉松"奖券——新中国第一枚体育彩票

十一届三中全会以后，我国体育事业蓬勃发展，原国家体委开始尝试通过发行体育彩票筹集部分体育事业发展资金。一些省市也参照国外的成功经验，经过地方政府批准，陆续发行了地方体育彩票，为中国体育彩票的统一发行奠定了基础。1984年，北京市发行了新中国第一枚体育彩票——"一九八四年北京国际马拉松赛"奖券。1984年10月14日，中国田径协会在北京举办第四届国际马拉松赛，为筹集资金，中国田径协会和中国体育服务总公司于当年10月10日共同在北京发行了"发展体育奖——一九八四年北京国际马拉松赛"奖券。据1984年《体育报》第2713期记载，北京国际马拉松比赛首期奖券的发行时间为10月10日中午12时至10月

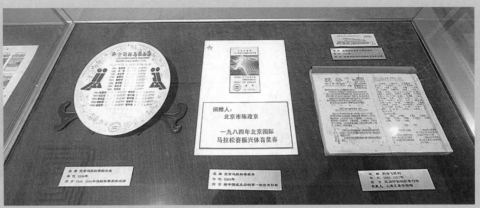

▲ "一九八四年北京国际马拉松赛"振兴体育奖券（中）

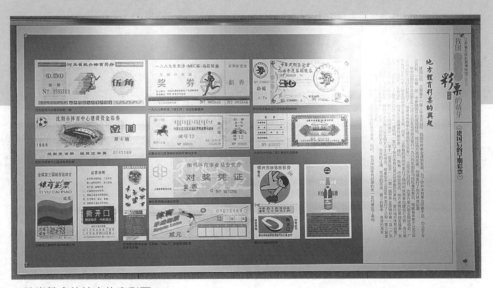

▲种类繁多的地方体育彩票

14日上午9点，开奖时间是10月14日上午10点，据《中国彩票年鉴》证实，此枚彩票是新中国有记录的第一张彩票。

　　该奖券从1984年至1994年共发行了11期，票面设计独特，除1984年是竖式外，其余均为传统型，正面是运动员赛跑剪影图案及会徽、主办单位、协办单位等，背面设有广告，可以说是彩票中的"珍品"。1994年后，国务院批准发行了全国统一的体育彩票，我国的彩票事业从此走上了正轨。

南京越剧博物馆

见证南京越剧艺术发展史

越剧，它发源于浙江，在苏浙沪一带广为传唱，是江南水乡孕育出的一朵艺术奇葩。有人曾经把越剧比作戏曲体系中的「皇后」，称它宛如一泓晶莹的清泉回旋于溪谷之中。在秀水江南孕育出的越剧，有着独特的婉转唱腔、优雅身段，舞台上的展现好似一幅江南画卷。

在南京老门东里就藏着这样的一家博物馆——南京越剧博物馆，馆内一件件弥足珍贵的实物仿佛一个个清晰的脚印真实地记载了南京市越剧团多年来的艺术成就，一幅幅光彩夺目的剧照犹如一串串耀眼的珍珠展示出剧团曾经的辉煌。

▲越剧博物馆位于南京老门东景区内

▲ 馆内丰富的展品

南京越剧艺术发展的起点——竺派艺术

在南京越剧博物馆里，你会遇见一段洒脱飘逸的越剧故事，你会寻找到岁月中的越剧艺术魅力，也能发现影响南京市越剧团多年的发展起点——竺派艺术。

提起"越剧十姐妹"，喜欢越剧的戏迷肯定都知道，二十世纪四十年代，袁雪芬、尹桂芳、筱丹桂、范瑞娟、傅全香、徐玉兰、竺水招、张桂凤、徐天红、吴小楼十人，因反对旧戏班制度，筹建剧场和戏校，同台演出《山河恋》轰动上海而得名，从此十姐妹名扬全国，在各自所扮演的角色行当里自成一派，传承至今。

作为越剧众多流派之一，由"越剧十姐妹"之一的竺水招创立的小生流派"竺派"清新脱俗、刚柔并济，是越剧流派中唯一一个"生旦俱佳"的艺术流派，在南京传承至今已有多年的历史。而南京市越剧团前身正是由竺水招创立的"云华越剧团"。

多年前的冬天，云华越剧团来南京演出，团长竺水招洒脱飘逸的舞台风姿让南京人民惊叹钦佩。竺水招从上海来宁，靠着《南冠草》《柳毅传书》让外来剧种越剧在南京立足，此后，竺水招率领云华越剧团到南京落户，正式成立南京市越剧团，从此，为南京越剧界带来了春的气息。"翻开报纸不用找，柳毅传书南冠草"被传为一时佳话，南京越剧重镇的地位由此奠定。后来竺水招穿起皂靴，唱起了小生，竺派艺术也由此诞生。

南京虽不是越剧发源地，但如今，南京市越剧团与浙江越剧团、上海越剧院在苏浙沪三足鼎立，为越剧在江苏地区的发展做出了巨大贡献，已成为蜚声国内外的著名越剧表演艺术团体。

▲越剧戏服
◀越剧表演头饰

既是历史，也是传承

作为江苏首家越剧博物馆，南京越剧博物馆内收藏有半个多世纪以来见证南京越剧艺术发展的数百件珍贵展品，包括竺水招、筱水招、商芳臣等老一辈越剧艺术家使用过的戏服、道具、生活用品，以及当年演出的剧本手稿、剧照等。

其中有一件看起来做工精巧、十分华丽的头饰是由筱水招亲手制作的，具有很高的收藏与艺术价值。博物馆内的大部分展品，是由竺水招先生的家属和广大戏迷无偿捐赠，件件弥足珍贵。这些实物仿佛一个个清晰的脚印，真实地记载了南京市越剧团多年来的艺术成就，一幅幅光彩夺目的剧照犹如一串串耀眼的珍珠，展示出曾经的辉煌，给人们留下了宝贵的精神财富。

▲越剧艺术家剧本手稿

◀当年的巡演说明书
▼博物馆内景十分雅致

　　除了展示珍贵的展品，作为越剧文化艺术的空间，博物馆内还专门设置了一个场地，搭建了一个小舞台可以承办小型的越剧演出，为喜爱越剧的戏迷们提供了一个欣赏越剧的好场所。南京市越剧团的有关工作人员表示，将把南京越剧博物馆打造成为集越剧文化传播、越剧名家创作、越剧戏迷交流为一体的综合性越剧文艺空间。

　　南京越剧博物馆承载着南京越剧多年间的变迁史，在老城南这片南京人最钟情的文化圣地上，将越剧文化献给越剧迷的同时，也让现在的年轻人能够了解传统文化、传统戏剧，这也是这里传承与创新的使命。

南京市民俗博物馆

领略金陵老城的民俗风情

虎头鞋、虎头帽、拴孩石、大红的花轿、艳丽的新娘服……你是否还记得这些充满回忆的老物件？

位于甘熙宅第内的南京市民俗博物馆，陈列展示着众多旧时老百姓日常生活的用品，无论是造型、功能，还是纹饰、色彩等方面，都反映着传统生活习俗，代表着百姓当时的生存状态，也承载着一个时代的记忆，诉说着老南京的民俗文化和乡情乡韵。

作为南京老城民俗文化的见证和缩影，南京市民俗博物馆成为南京地区收藏、陈列民俗物品，研究民风民俗，弘扬民间优秀传统文化的专业性博物馆。在这里，游客可以领略传统民居建筑的优雅精致，观赏非物质文化遗产传承人的展演，感受南京传统民俗文化的深厚底蕴。

▲婚嫁民俗展厅

▲传统婚礼"迎亲"场景雕塑

"老南京"的婚礼：聘礼嫁妆样样都要讨口彩

　　说起婚嫁习俗，可以上溯到周代，从提亲到完婚一共六礼，即纳采、问名、纳吉、纳征、请期和亲迎。随着朝代的更迭变换，婚嫁习俗也有所变化，老南京的婚俗实际上是承袭明代习俗而来。在民俗博物馆的婚俗展区，形形色色的婚嫁展品让人大开眼界。

　　老南京人娶新娘、嫁女儿时讲究"门当户对"。追根溯源，明代的南京人就开始讲究"板门对板门，笆门对笆门"了，如果双方家庭财力相当，成为议婚对象后，第一步是说媒合婚，即拿双方生辰八字，去卜馆请算命先生合算两人的八字有无冲克。

　　男家收到女方八字后，不能马上去合婚，要把八字放在灶君牌位前的香炉底下，俗称"压草书"。倘若3天之内家中有碎碗破碟这样的小事发生，就认为女孩的八字有不祥之兆，议婚就此作罢。如果3天内家中平安无事，方可请算命先生合婚。虽然现在看来这些都是无稽之谈，但当时可是议婚的重要程序。合婚之后，男女两家要另择媒人，这位媒人用南京话叫作"大宾太爷"。

　　说起聘礼，如今很多南京人省去了这一环节，但在旧时代，不仅省不得，还分为"下定"和"行礼"两个步骤。"合八字"通过后，就是"下定"，男家一般送以金银茶果等为聘礼，按常规，有白银一锭、金如意一只，取意"一定如意"，另有荔枝、龙眼、魁栗、蜜枣、香菱、龙凤喜饼等，以示丰盈。茶叶也是主要聘礼，俗称"茶礼"，因为茶苗不可移植，移而不复生，体现了旧时妇女"从一而终"的道德观念。男方携带之礼中茶叶最为重要，所赠数目颇巨，旧时茶叶以瓶计，多则百瓶，最少也得十瓶。一般行了"茶礼"，这门婚事就算定了，不能轻易反悔赖婚。

　　有聘礼，自然也有嫁妆。吉日前一天，女家要把所有嫁妆送往男家，称作"铺嫁妆"。此时，要把所有的箱子打开，意为"开箱发财"，其实是显示嫁妆的丰厚。嫁妆一般有手镯、项链、盆桶、床上用品、箱子、衣服等，还要有一把红漆筷子，寓意"快快生子"。这些名目繁多的嫁妆中，新郎的鞋必由新娘亲手缝做，数目为单数，并且要把自己的鞋放入新郎的鞋中，取意和谐（鞋）到老。

▲古代婚服

老南京育儿习俗：拴孩石、站桶唤醒儿时记忆

那时候的南京百姓，在长期的育儿过程中积累了很多经验，通过各种行为和各式物件为孩子的成长保驾护航，使其顺利渡过成长历程中的各种关口。

如今的 80 后、90 后，肯定不知道拴孩石、摇桶、站桶等为何物，在馆内的育儿民俗展区，可以一一见到这些有趣的老物件。

南京民间流传着一句谚语，讲小娃儿"三翻六坐九爬爬，十月头上打哑哑"，意思是孩子一天天长大，越来越调皮好动，大人们忙着"糊口"，无暇时刻看护，便打制出石狮子造型的"拴孩石"。石狮子既可爱又被百姓认为能辟邪，大人可以放心地把娃娃与它拴在一起，一边干活，一边抽空跟孩子逗趣。南京地区的拴孩石一般由爷爷或外公打制，精雕细刻的不多，大多粗犷朴素。

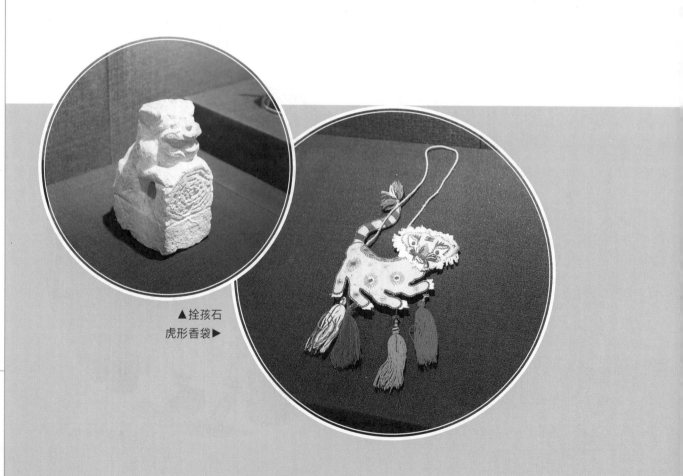

▲拴孩石

虎形香袋▶

▲红肚兜
◀虎头鞋

　　对于1岁左右的孩子来说，他们能站稳但不太会走路，大人们害怕孩子乱跑跌倒，便把他们放在"站桶"里。站桶内部的下半截有块隔板，冬天隔板下面可以放一盆木炭，孩子站在里面也不会觉得冷。

　　立夏给孩子称体重是老南京代代相传的育儿习俗。立夏时节，南京地区闷热潮湿，孩子茶饭不思、寝食难安，容易生病、消瘦，俗称"疰夏"。于是，老南京在立夏这天给孩子称体重，一方面希望孩子能保持这天的体重，另一方面到立秋再称一次，以作比较。以前没有磅秤，老百姓就特制了一种巨大的杆秤，秤杆上方用一根粗麻绳吊在房梁上，使杆秤悬空，下方吊一张小板凳或一个大竹篮，孩子坐进去，大人移动秤砣称出孩子的体重。因此，南京民间有"时逢立夏出奇谈，巨秤高悬坐竹篮"的说法。除立夏称重外，老南京还有立夏当天让孩子骑门槛、吃豌豆糕的习俗，都是为使孩子不疰夏。

绒花艺术品

传统民俗区：带你体验南京绒花绽放的魅力

　　曾几何时，电视剧《延禧攻略》着实火了一把，因为一部清宫剧的热播，剧中嫔妃精美繁复的头饰工艺走进了观众的视野。后宫女子们头上所簪的饰物叫作绒花，来自南京，是中国非遗的珍粹。在馆内的传统民俗体验区，一间小小的"绒花坊"里，这些绚烂的"绒花精灵"在非遗匠人一双双巧手的上下翻飞中含苞绽放。

　　绒花的主要材料是蚕丝，谐音"荣华"，寓有吉祥、祝福之意。唐代绒花被列为皇室贡品，明末清初流入民间，后来民间婚嫁喜事、春节、端午、中秋时分，普遍有用绒花装饰的习俗，借以祈福。

　　南京绒花色彩以大红、粉红为主，中绿为辅，间以黄色点缀，显得明快富丽。在"绒花坊"内，一排排色彩明艳的蚕丝在竹竿卷间缠绕，格外显眼。由蚕丝煮熟后的熟绒作为花瓣和花蕊的材料，熟绒吸收光线的特性，令光滑的蚕丝平添一层雍容的质感。

　　绒花制作过程也颇为复杂，据南京绒花非遗传承人赵树宪介绍，首先要摘取不同颜色的几缕丝条在案板上固定住，按在食指和中指间压平、梳理顺滑，再用烧至退火软化的黄铜丝平整地夹住丝条，剪下1厘米宽。接下来拧住铜丝左右两端，同时向反方向轻巧一捻，蚕丝瞬间成螺旋状，形成了绒花最基本的部件——绒条。"打尖"是绒花制作的第二步，用剪刀对绒条进行加工，使其变成圆形、锥形、弧形等形状，不同形状的绒条会组合成形态各异的花叶。"传花"是绒花制作的最终过程，用镊子将打过尖的绒条进行造型设计和组合，搭配一些辅助材料，制作出最终的绒花成品。

　　做绒花无需图纸，图案的设计、色彩的搭配只在制作者心中成型，再任由这种审美的灵感从脑到手。民间工艺不同于大雅之堂的艺术品，设计上没有精细的规定，皆为平日里对美的留意。

▲非遗传承人赵树宪的绒花作品

南京知青纪念馆

致一代人逝去的青春

有那么一代人，他们有一段共同的命运，他们用心灵编织理想的花环，用微笑面对命运的挑战，用歌声唱响美好的期盼……知青岁月，锻炼了他们的筋骨，也使他们的思想日臻成熟；，它令人难忘，引人思索，给人启迪。虽然那个时代已经久远，但一代人的深刻印迹永远都不会淡化。

这里，还原了二十世纪六七十年代知青居住地的建筑风格，收藏了煤油灯、蛤蜊油等数千件老物件，全面而真实地展示了知青时代特殊的生活场景和激情岁月。走进位于南京浦口的南京知青纪念馆，不妨一起现场感受那一代人不同寻常的青春岁月。

三轉一響

「三转一响」是20世纪70至80年代的流行词。指结婚时添置的自行车、缝纫机、手表、收音机，那时的家庭有了这「三转一响」就觉得是过上了「小康」的幸福生活。「三转一响」是那个时代人民所能拥有的最高财产，同时也是当时大部分女性择偶的重要标准之一。

禁止触摸
DO NOT TOUCH

▲馆内展品

175

纪念一代人逝去的青春

　　南京知青纪念馆位于南京市浦口区永宁街道侯冲社区，这座占地3 300多平方米的庭院全部由青砖黑瓦打造，模仿了二十世纪六七十年代的建筑风格，是一座以知青为主轴，体现知青文化、生活、民俗主题的庭院式纪念馆，它的中央是一块知青自留地和一座按照小茅屋实物还原的知青之家。

　　纪念馆内按照"序厅、永宁知青、知青之歌、浦口知青风采、知青体验馆、知青民俗屋"六大主题布展，陈列着各类珍贵的老照片和实物藏品，主要展现知青上山下乡时代的生活方式、生活用品、生活场景等内容，对曾经在这块土地上生活过、劳动过的人、事、物进行还原和再现，为参观者生动形象地呈现了知青们"上山下乡"的生活风貌。

　　在永宁知青篇章，记录着孙晓云和雷晓宁两位当代知青文化名人当年上山下乡的生活轨迹。浦口知青风采篇章则用"流放少年—艺入佳境—江浦游子—归国琐记"四个篇章记录下了曾在浦口插队的陈丹青在知青年代留下的珍贵回忆。

　　上山下乡时期的红袖章也是纪念馆展出的一大特色，红袖章有700多种，数量超过1 000件，除了南京本地之外，还有国内其他城市的红袖章。

▲馆区内的知青之家

▲ 有着历史印记的老物件

5 000 多件老物件重现知青生活

　　煤油灯、熊猫牌缝纫机、老式手摇电话机、搪瓷脸盆、铁皮水瓶、梅花牌蛤蜊油，还有漆面斑驳的南京饼干铁罐子⋯⋯乍一看，这么多的老物件，仿佛让人穿越来到了二十世纪六十年代。南京知青纪念馆收藏了 5 000 多件知青老物件，都是分散在各地的曾经在南京江浦插队的老知青们捐赠的。

　　纪念馆开馆之初，就引起了很多人的关注，尤其是曾经上山下乡的老知青们，他们捐赠文物的热情非常高涨，包括军装、书信、手抄本、火车票、粮食关系迁移证、茶缸⋯⋯这些记录着知识青年特有的历史印记的物件，都是那个红色年代的社会缩影。

▲按照原比例复建的供销社实景

　　在知青之家，下放时期知青使用过的旧座椅、劳动工具、收音机和茶壶等用品都依照原貌摆放。很多知青感慨，这跟他们当年插队时住的屋子一模一样。

　　按照原比例复建的供销社实景是纪念馆中布展难度最大的，门头是按当时老浦口地区供销社的样子重建；照明的煤油灯都是知青们用过的老物件；供销社里的搪瓷脸盆、铁皮水瓶也都是老知青们当年使用过的生活用品；几个漆面斑驳的南京饼干铁罐子是从老知青家里征集到的，当时这罐子家家户户都舍不得扔；放在供销社货柜里的当年在安徽芜湖生产的梅花牌蛤蜊油，在南京早就找不到了，这些都是现在生活在安徽农村的知青捐赠的……

　　踏进纪念馆，时光好似回到了多年前，恍惚间，好似看到了爸爸妈妈们的知青岁月——扎着长辫子的妈妈在食堂蒸馒头，赶着耕牛的爸爸在田野上种地，响亮着知青之歌的大地上一片忙碌、欢笑……

《知青之歌》陪伴无数人度过青春岁月

侯冲是南京知青的故里。当年，曾有 4 000 多位南京知青在侯冲生活过。永宁知青中名人很多，有著名书法家孙晓云，有"当代第一马"雷晓宁，有鼎鼎大名的画家陈丹青……他们带来了文化知识和先进技术，同时也继承了农家的吃苦耐劳。

在永宁知青的名人中，还有一位特别引人注目，那就是南京第五中学 1966 届高中毕业生、《知青之歌》的作者任毅。《南京知青之歌》是知识青年上山下乡运动中流传最为广泛的一支知青歌曲，它真实地反映了知青上山下乡之初万分复杂的心理，是对当时社会思想最为直接的一种呈现，具有广大的社会心理背景。歌曲深深地触动了当时无数知青的内心世界，生动地表达了知青对故乡的眷念、对亲人的思念。由于对知青心理及情绪的准确捕捉和通俗的旋律，它很快以手抄本和口口相传的形式在知青中广为流传，并被改名为《知青之歌》。其穿越时空的优美旋律，陪伴无数知青度过了那段难忘的青春岁月。

南京老字号博物馆

找寻即将逝去的「城市记忆」

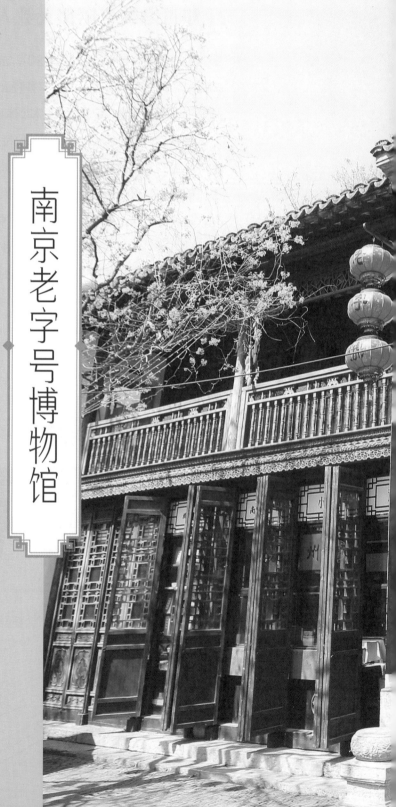

老字号，是一个城市历史文化的载体，也是城市记忆的根基。南京作为六朝古都、十朝都会，悠久的历史文化赋予其比一般城市更多的老字号资源。南京老字号或起自明清，或创于民国，涉及饮食、百货、银楼、丝织、医药等诸多行业，它们与南京城的商业文明相伴而生，亦是南京风土文化的经典符号。

老万宝、同仁堂、魏洪兴、腊梅食品、冠生园、小苏州、冯福记……这些老字号品牌是一代一代人经过多年的创新而延续下来的，它们的传承与发展，不仅是南京记忆的保存，更关乎南京文化的振兴。

因此，南京老字号协会选址老门东开设了老字号博物馆，以期让更多的人了解南京老字号。踏过博物馆的门槛，仿佛进入了另一个世界，这里的每一个名字都那么久远，又那么熟悉。

▲南京老字号博物馆坐落于老门东景区内

▲冯福记眼镜展示区　　　　▶老式眼镜

经得起时光淬炼的冯福记眼镜

　　眼镜，在千余年前就已现世。眼镜行业在中华民族的历史中，伴随着个体手工业的发展，因迎合了国民需求而一路壮大、日渐繁荣、技艺愈精，成为中国手工业发展史上不可或缺的亮睛一笔。记者在馆内看到两副材质分别为包金和白铜的眼镜，它们可是清朝时期的"老物件"。

　　据史料记载，最早在宋朝时期就有人用上了眼镜，不过彼时的眼镜，形制不似目前的带镜架双片眼镜，而是单个镜片，无镜架，使用时以手举持，就如使用放大镜。清朝末期，南京登上了中国眼镜业发展的历史舞台。到民国时期，南京眼镜业与上海、苏州一样发展得繁华兴盛、生机勃勃，这主要得益于南京的地理、历史、文化和政治优势，即各路政要、文人、商贾云集于此。1937年时的南京人口高达100多万，奠定了包括眼镜业在内的整个商贸业繁荣发展的基石。

　　清朝康熙年间，苏州人冯氏在上海创办冯福记商号，专营珠宝玉器。乾隆、嘉庆年间，苏州地区出现了专门生产眼镜的手工作坊，眼镜业蒸蒸日上，冯福记在上海也由专营珠宝玉器兼营眼镜。由于秉承诚信经营、精工细配的理念，冯福记生意兴隆，盈利丰厚。冯福记德术并修，济世为民，在晚清和民国时期多次向上海中国济生会赈灾捐款。

1909年（宣统元年），冯氏家族后人在南京明瓦廊陆家巷14号创办冯福记眼镜，成为南京首家眼镜店。冯氏后人始终牢记诚信为本、精工细配的遗训，对于产品精益求精，体现了其不断追求完美的工匠精神，因此生意发展顺利，后来包括胡适、林语堂等在内的文化名人皆佩戴冯福记所配的眼镜。

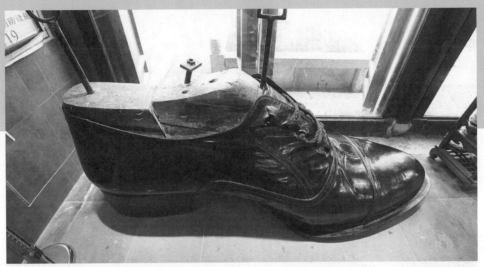

▲巨大的鞋楦

八头牛、五头猪的皮制成"万里"大皮鞋

在馆内，一只特大号的皮鞋吸引了人们的眼球。据馆内工作人员介绍，这只皮鞋诞生于1988年10月，是由老字号企业江苏万里鞋业集团有限公司的前身南京万里皮鞋总厂的职工耗时两个月制成，光是鞋面料就用了3头牛的皮，鞋底及鞋跟用去5头牛的皮，里衬皮用去5头猪的皮。

这只重达111千克的皮鞋长2.25米、宽0.82米、高0.87米，比当时西班牙鞋商安东尼奥·阿郎索制作的堪称世界之最的皮鞋还长0.75米、重36千克。

好鞋要有好鞋楦。该鞋的鞋楦选用直径1.2米、长2.5米，约2个立方、2吨多重的东北榆木料，用斧头刀锯手工砍凿而成，最终成型的鞋楦重达800千克、长2.14米。

　　"万里"大皮鞋鞋帮共分三层，外层是黑色牛皮，用料10平方尺，中间是氯纶海绵，鞋里是染色猪皮。制帮时，因帮面太大，普通缝纫机无法操作，只能用1.5毫米的打眼冲在帮面接头处按比例细细敲出一排针眼，再一针针对接缝合。鞋帮上的气眼环直径6厘米，也是用黄铜皮手工制成。鞋底底心料选用轻木料填心、发泡底一层层加皮料，最后用牛拷皮做大底。

　　"万里"大皮鞋，是万里职工集体智慧的结晶，是万里技术优势的展现，也是中国制鞋业的骄傲。

▲南京肥皂

记忆中那熟悉的皂角味

　　"这是什么？"在馆内的"南京肥皂"展区，一块块黄色的砖头一样的物品引发了不少参观者的好奇。"这是当年南京肥皂厂所生产的肥皂，老一辈的人称之为'臭肥皂'，他们小的时候都用这种肥皂。"讲解员介绍，"这种肥皂现在很多人都没有听过，估计90后们都没有见过。"

　　二十世纪五六十年代，南京肥皂厂曾是全南京唯一的肥皂生产企业，家家户户使用的都是该厂生产的肥皂。据介绍，这样的"古董肥皂"无香精、无色素、无起泡剂、无荧光剂，所以当时的肥皂，无论性状、质地，还是味道，都与现在的香皂大相径庭。

　　南京化学工业起源于1934年，我国著名民族实业家范旭东在南京创办永利化学公司。旧时的化工原料业以染（颜）料业和油漆业为最早，化学工业原料出现较晚，先由西药兼营，后独自经营，成为一个行业。

　　中华人民共和国成立后，日用化工业得到了迅速发展，到1985年，该行业有南京肥皂厂、化学厂、火柴厂、化妆品厂、香料总厂、电池厂、油墨厂7个企业。1956年在全行业公私合营中，组建南京肥皂厂，为全市唯一的肥皂生产企业，先后有多款产品在国家部、省级评比中获奖。

　　"南京肥皂厂"成立于1943年，由当时南京城内12家前店后场的小型烛皂坊集资组建而成，厂址选在南京止马营151号，占地约5 000平方米。后来由中储银行和上海大华泡花碱厂投资，于1944年3月更名为"南京肥皂股份有限公司"。

△南京肥皂文创产品

金陵竹刻艺术博物馆

探寻匠心，传承非遗文化

以刀代笔在竹子上作画，寥寥数刀却意境深远……与云锦一样，金陵竹刻也是南京文化历史宝库中绚烂的一章，享有『大璞不斫』『寸竹寸金』之美誉，明代时一度非常繁盛，甚至被作为宫廷珍宝收藏。

这项古老的技法，至今还在南京传承，并已成功申报江苏省非物质文化遗产。在南京，就有这么一家金陵竹刻艺术博物馆，让我们走进这座博物馆，一起探寻金陵竹刻艺术的传承之路。

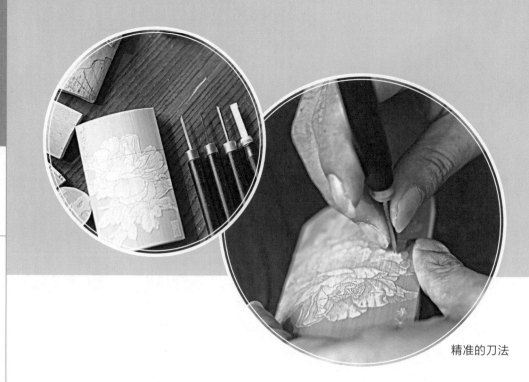

精准的刀法

五脏俱全，精在刀尖

我国的竹刻艺术起源很早，在数千年前的文献《礼记·玉藻》中，就已有关于竹刻工艺的记载，但它成为一项独立成熟的艺术门类，还是在明代中晚期诞生了金陵竹刻和嘉定竹刻两大流派以后。清代嘉庆年间，嘉定人金元钰在《竹人录》一书中首次提到两大竹刻流派："雕琢有两派，一始于金陵濮仲谦，一始于吴邑朱松邻。"

明代文学家张岱在《陶庵梦忆》中记载："金陵有一个叫濮仲谦的刻竹高手，其技艺之巧，夺天工焉。其竹器，一帚、一刷，竹寸耳，勾勒数刀，价以两计……"这篇文章真实地反映了竹刻艺术历史的悠久，以及创始人濮仲谦的精湛技艺。

走进南京富贵山公交车站东侧的一条小巷，透过富贵山小区的铁门就能看到"金陵竹刻"的黑色金字牌匾，而博物馆外立面都是用竹子包裹的，十分切题。穿过红色大门，沿着古朴的扶梯走上四楼，就是文艺气息浓郁的金陵竹刻艺术博物馆的"会客厅"——金陵竹刻作品展示馆。

整个博物馆的面积虽小，但是五脏俱全，400多平方米的空间被隔成几块区域，分门别类展示竹刻作品。参观者在这里不但可以欣赏到明清时代的竹刻艺术品，还能看到当代金陵派竹刻艺术。

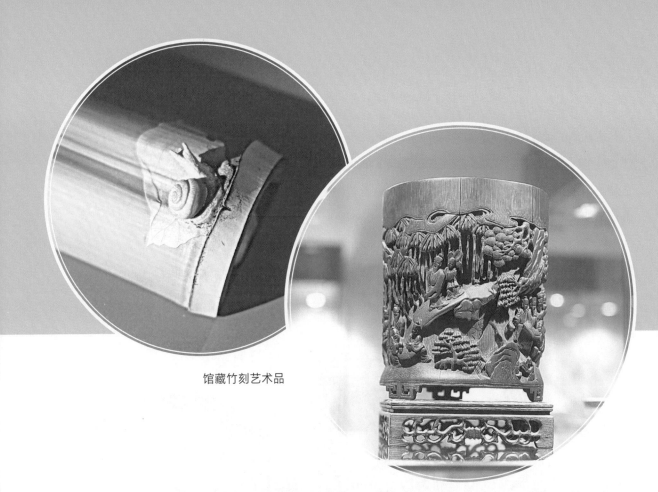

馆藏竹刻艺术品

以刀代笔，刻忆江南

"宁可食无肉，不可居无竹"，文人们爱竹、咏竹，于是用竹子制作日常用品便成了文人的雅好，雕刻着花纹和书法的笔筒、臂搁（古人写字时的垫臂工具），还有扇骨、竹联等点缀在文房四宝之间，显得格外清雅别致。

金陵竹刻，是明清时期我国竹刻艺坛的两大流派之一。工作人员介绍，金陵竹刻的渊源最早可追溯至明代正德年间的李耀，他擅长镌制象牙印章，又精扇骨雕刻，是金陵竹刻艺术的先驱。至万历年间，濮仲谦在吸收李耀扇骨雕刻特征的基础上，创立以简、浅为特色的金陵竹刻流派，并影响全国。

明代和清代早、中期，金陵竹刻大多以简约、雅洁、浅刻为特色，讲究因材制宜、就形取势、随形施刻，雕琢时不做过多的人工修饰，浅浅几凿而自然成器，寥寥数刀却意境深远，格调古朴而淡雅。清末至今的金陵竹刻艺术，以"留青"为主要艺术特色，保持了明清时期金陵竹刻简洁婉约、讲究意境的南京地域风格，以刀代笔，讲究笔锋。

娇滴滴的荷花绽放在饱满的荷叶与莲蓬间，灵动的鸟儿轻轻停驻枝头，湖水泛起小涟漪……在馆内，一幅名为《荷塘清趣》的竹刻作品十分精美，工作人员说，它是出自金陵竹刻大师许焱之手，采用传统留青竹刻技法，将夏天湖边的美景刻画得精巧细致。

　　何为"留青竹刻"？工作人员介绍，在创作时，留用竹子表面一层竹青雕刻图案，然后铲除图纹以外的竹青，露出下面的竹肌做底，称为"留青竹刻"。雕刻大师们通过竹皮的全留、多留、少留，可以雕刻出深、浅、浓、淡的变化，犹如在纸上作画，有水墨画的韵味。

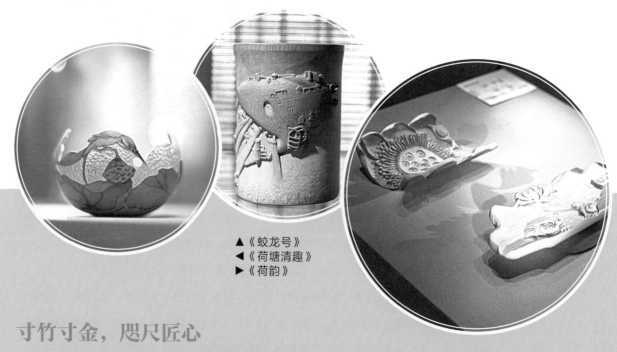

▲《蛟龙号》
◀《荷塘清趣》
▶《荷韵》

寸竹寸金，咫尺匠心

　　工作人员介绍，该博物馆藏品总共有数百件，而光展示馆的竹刻藏品就有100多件，分外耀眼。

　　为了达到完美的效果，竹刻艺术的每一个环节都必须精益求精。工作人员说，一件好的竹刻作品从取材开始就极其讲究：首先需要选取上好品种，应于冬季半山背阴处选取竹龄三至四年，表面青筠光洁、平整、无斑、挺直、无凸肚、无凹槽的竹材，宜选用产自浙西、皖南等地区的玉竹。

　　竹子砍下后，首先要清除上面的泥土，再将其置于水中，加热至50℃时，以50升水加150克明矾的比例加入明矾，煮沸10~15分钟（根据火候大小确定时间长短），再静置10~15分钟后取出，用干净的软布擦干，于背阴而不通风处阴干晾晒，以防止霉变和开裂；接下来，竹材要放在专门的储藏室里摆上3~4年，待竹皮变黄后才能算是完成竹刻的前期准备工作。"从竹子的生长到准备开始竹刻，就得花上七八年工夫。"工作人员介绍。

　　此外，竹刻与玉器一样，同样需要养，时间越久价值更高。"它的颜色越深，代表时间越长，当年代产生的酱红色，与竹子的自然色融合在一起时，那种观赏美感是极佳的。"馆长说。

　　目前，金陵竹刻艺术博物馆已初具规模，除了传统竹刻艺术品的展示，还有竹扇、竹雕、竹工等艺术产品进入市场。除此之外，工作人员说，将来金陵竹刻艺术博物馆还将开发具有南京独特文化元素的绿色低碳环保竹刻系列产品，通过艺术创意，将金陵竹刻真正融于生活。

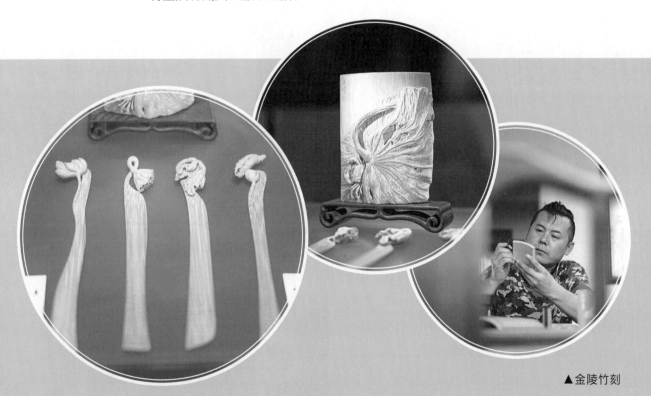

▲金陵竹刻

南京是座博物馆

江南丝绸文化博物馆

『遇见』丝绸上的江南

丝绸是中国的名片，也是世界认识中国的具有生命力的标签。背倚古城墙，遥望凤凰台，在南京秦淮河畔，有着这样一座江南丝绸文化博物馆。

这座古典风格和现代技术相融合的展馆里收藏着具有江南丝绸文化特点的丝绸文物、非遗产品等500多件展品，依托南京深厚的历史文化名城的背景，它全面而生动地展示了江南丝绸文化，传承创新了丝绸『非遗』技艺与工艺。

SENTIMENT OF
THE RED MANSIONS

红楼情丝

—— 紅楼思い ——

曹雪芹在江宁织造度过了"锦衣纨绔之时，饫甘餍肥之日"的童年，《红楼梦》有大量关于丝绸的描写，如贾宝玉的孔雀裘披风、林黛玉潇湘馆中糊窗用的霞影纱、王熙凤的五彩刻丝石青银鼠褂、贾母屋内的金钱蟒缎靠垫、元春省亲赏赐的"富贵长春"宫缎和"福寿绵长"宫绸，举不胜举。不仅如此，雪芹还在书中直截了当地写到"上用内造"的"卍"字锦，这正是康熙年间江宁织造曹家为皇室而织造的。南京丝织和江宁织造为红楼梦提供了绚丽的文化背景。

ROMANTIC DREAM IN NANJING

金陵绮梦

—— 金陵夢かたり ——

《红楼梦》作者曹雪芹（1711~1763年）家族任职江宁织造长达59年。曹雪芹少年时代，时而在风光旖旎的西园，吟哦祖父留下的《楝亭诗抄》；时而在江南织造局的工场，观赏云锦机工的神奇技艺；时而在康熙御笔题匾的"萱瑞堂"前听老人叙说康熙南巡、曹家四次接驾的锦衣玉食、富贵舒适的生活，六朝古都锦绣山川的陶冶，广博的见闻，诗书的濡染，为《红楼梦》的创作打下了坚实的基础。

《红楼梦》得名于金陵。《红楼梦》中南京的影像历历可寻。曹雪芹曾说："本文所叙事则在石头城。"因此，红楼梦又名《金陵十二钗》、《石头记》。

▲ 苏绣作品《金陵绮梦》

193

▲ "唐风广袤" 橱窗展示

▲ 丝绸的各种表现形式

再现江南丝绸的前世今生

　　提起丝绸，人们的第一印象就是苏州和杭州，其实南京一直以来都是江南的丝绸织造业中心。相对于吴侬软语的民间丝绸繁盛之地苏杭，南京则以高雅大度的官办丝绸制造业闻名。代表丝织物最高水平的"云锦"就产自南京，由于南京丝绸业的繁盛，清代特在南京设江宁织造府，作为官办丝绸供给机构。郑和"七下西洋"开启海上丝绸之路，南京也是其策源地和起航地。

　　一直到近代，南京都是官办生产丝绸最集中、最发达、生产技艺最高超的地区，也是民营丝绸生产从业人员最多、产量最大的地区。然而由于工业的发展、产业的转型，近年来南京丝绸行业一直没有得到较好的发展，因此在南京设立江南丝绸文化博物馆对于江苏重新开创新的丝绸品牌、传承丝绸文化、推广丝绸生产都有着很重要的意义，也能让越来越多的人知道丝绸是南京的一张名片。

　　作为南京第一座从美学角度阐释江南丝绸文化的专业主题博物馆，其以丰富的表现手法再现了江南丝绸的前世今生。建成后的江南丝绸文化博物馆是一座古典风格和现代技术相融合的展馆，收藏着具有江南丝绸文化特点的丝绸文物、品种纹样、文史资料以及各种珍贵的非遗产品和丝绸制品等500余件，1 200平方米的展厅共分4个展区，通过丝绸精品常设展、主题临展、模拟场景、多媒体互动等形式，展示丝绸文化与技艺的绚丽精湛。

手工织出南京版的"清明上河图"

你见过《清明上河图》，但是你见过"织"出来的"清明上河图"吗？在馆内，现场展示了一幅"织"出来的南京版"清明上河图"——《南都繁会图》。该作品全长达 3.5 米，共绘制有 109 个商家的招牌、幌子和匾额，以及侍卫、戏子、渔夫、邮差、商人等 1 000 多种不同的职业身份，反映了当年秦淮河两岸的繁盛景象。作品中所绘"南市街""北市街"均属南北走向街区，即如今的雨花路、东西干长巷，反映了南京市井商业贸易的繁荣。

站在《南都繁会图》前，你很难相信作品中细腻的人物和景物不是画的。这些都是用织造工艺精心复原织造而成，在织造、配色、还原度等方面水平极高，以高超的织锦技术再现了南京古代的盛世之景。该幅作品 1 : 1 复原画作，耗时超过 8 个月时间。

此外，馆内还展出了一幅大型苏绣作品《金陵绮梦》，表现的是《红楼梦》中"海棠诗社"的场景。说到《红楼梦》就不得不提起其作者曹雪芹，当年曹家三代四人曾担任江宁织造府大臣数十年之久，而曹雪芹的童年也是在南京度过的。该幅作品接近满绣，工艺水平极高，每个人物的面部表情都刻画得精致、生动，惟妙惟肖，令人叹为观止。

▲ 丝绸精品
▶ 南京版"清明上河图"——
《南都繁会图》（局部）

195

在体验中了解"非遗"技艺

　　为了推动文化旅游新起点，江南丝绸文化博物馆在筹建之初就志在区别于传统博物馆，除了展品，馆内还开发设计了"江南丝塾"品牌体验活动，让参观者特别是青少年在参观过程中可以自己动手体验，在体验中思考，正可谓寓教于乐。此外，博物馆还以丝绸文化为载体，设计开发了一系列与传统文化、蚕桑美食、中华礼仪相关的体验活动，参观者可以在体验学习中提升文化修养，充实自己的精神世界。

◀刺绣手工体验区

▲ 零距离接触"南京云锦"的织造技艺

　　同时，江南丝绸文化博物馆还将世界级非物质文化遗产代表作"南京云锦"的织造技艺也搬到了现场，参观者可以在游览过程中与世界非遗文化零距离接触，从而了解到"通经断纬"织造技艺的精髓。

　　"把博物馆带回家"也是江南丝绸文化博物馆在打造"文化旅游"名片当中的另一创举。"丝博馆"不仅将传统文化很好地保留了下来，更是积极与现代接轨与时尚融合，广泛与各界合作，成立了"大师工作室"与"现代丝绸创意设计中心"，与众多艺术设计大咖合作开发具有"丝博馆"特色的一系列文创产品，如"大雅斋"系列、"红楼梦"系列和"丝路山水"系列等，深受广大消费者喜爱。

南京艺术学院电影博物馆

穿越胶片上的流金岁月

复古的电影海报、二十世纪的胶片放映机、老电影的手稿和资料……看到这些老物件，有没有一种让你仿佛置身于老电影时光隧道中的感觉？

电影，作为一门视觉和听觉的现代艺术，以及一门科技与艺术相融合的综合体，已经渗透到人们生活的方方面面。在南京艺术学院的校园内，就有这么一座电影博物馆，它以其独特的视角，展示着电影艺术的魅力。如果你来到南京艺术学院，不妨去这座电影博物馆里逛逛，追忆一段胶片上的流金岁月。

老电影剧照

千件藏品斑驳了时代的痕迹

    暖黄色的灯光、怀旧的装饰风格，走进南京艺术学院电影馆，有一种让人回到了二十世纪三十年代的错觉。该馆于 2016 年 6 月正式开放，馆内有电影历史文献、放映设备及电影文物，以及各国电影海报等众多藏品，让人大开眼界。

    馆内除了南京艺术学院几十年来收集的电影史料文物外，还有 500 余件藏品是从中国传媒大学口述历史研究中心的 5 万多件藏品中精心挑选而来的，有些连电影界的学术研究者都未曾见过。如二十世纪五十年代中国知名导演孙瑜的书信和剧本手稿，中国第一部长故事片《阎瑞生》同名连环画，有着"话剧皇帝"美誉的演员石挥使用过的桌椅、沙发，以及出生于 1907 年的中国传奇女演员宣景琳使用过的旗袍和梳妆台等，皆为难得一见的珍品。

▲名人题字
◀老电影海报

　　南京艺术学院电影馆负责人介绍，除了本校电影电视专业的学生前来学习，电影馆还吸引了美术、设计、表演等其他专业的师生来寻找灵感。它浓郁的文艺生活化的气息，更使其成为一个全面开放的艺术空间，对每一个社会参观者开放。馆中的藏品每隔两年会随展览主题进行更换。除了对外开放参观，平时，电影博物馆会作为学校课程教学场所和社团活动的场地，并定期举办主题电影展、点映会以及路演活动。

▲当年的电影杂志
▶《歌女红牡丹》当年的电影特刊

"风韵犹在"的民国老电影特刊

　　唇红而润、嘴角含笑，还有脸旁微微翘起的兰花指……正对着海报展览墙的，是一个个复古味浓郁的玻璃展柜，里面摆放着一本本珍贵的中国老电影特刊，而老电影《歌女红牡丹》的特刊尤其引人注目，里面包含了这部电影的剧本、剧照、拍摄花絮和影评等许多不为人知的内容，可以算得上是"镇馆之宝"。

　　《歌女红牡丹》于1931年在国内首次公开上映，是中国电影史上由无声电影到有声电影的一次重大突破，该片中由梅兰芳先生演唱的四段京剧片段也因此轰动影坛……这些电影特刊，见证了中国电影发展初期的那段峥嵘岁月。

　　从二十世纪二十年代到六十年代，电影女主角在妆容、发型上的造型以及影迷的审美也随着中国电影艺术的发展经历了许多变化。二三十年代，以周璇、阮玲玉等为代表的早期电影人，她们的造型通常是将长发剪去并烫成自己喜爱的弧度，用卷睫毛器夹起翘长的睫毛，再加上两弯新月眉、深玫瑰色的朱唇、夸张的耳坠，展现出恰到好处的风情和妩媚；而到了六十年代，女性的审美标准发生了翻天覆地的改变：麻花辫、绿军帽、手持红闪闪的毛主席语录，妆容沿袭了五十年代的健康自然美——两条小辫子、忽闪忽闪的大眼睛，将六十年代中国女性的俏丽演绎得淋漓尽致。

流金岁月里的光影记忆

如今，随着数字电影技术的普及，胶片电影慢慢退出了历史舞台，老胶片电影已经成为一种文化和怀旧的载体。但在很多老一辈人的心中，一直难以忘怀年幼时的观影场景：没有高科技的大银幕，没有环绕立体音响，甚至没有固定的放映场地，在广场上、公园里、小区的空地上，伴随着老式放映机的嗒嗒声，电影胶片开始转动，白色幕布上出现了生动鲜活的画面……

"现在的电影放映已经无法让观众感受到那种老式胶片电影机的嗒嗒声，更无法感受那种'一束光'打下来的怀旧感了。"工作人员在展示馆内两台老式胶片电影放映机时不禁感慨道。如今，这两台老式放映机还可以正常运转，该馆就曾用其中的一台胶片放映机放映了 2.35∶1 的宽荧幕老电影《城南旧事》。由于成本较高、易损坏等缺点，如今，胶片放映机已淡出了人们的视野，只有少数收藏爱好者还拥有着这些"宝贝"。

虽然老式胶片放映机笨重且不易携带，但也并非一无是处。在理想状态下，一盘电影胶片可以保存长达 100 年之久，而这是现代数字技术所无法比拟的，某些数字技术拷贝的影片可能在保存数年后就会损坏。

从胶片帝国到数字影像，电影的发展是每个时代的记忆宝库。目前，南京艺术学院电影馆每周都会举办观影活动，除了本校师生，广大市民也可以免费参与，共同交流学习，共同体验那段流金岁月。

▲老式电影放映设备

南京周园

富丽堂皇的私人收藏博物馆

这是一个用稀世珍宝构筑和镶嵌的旅游胜地，在这10万多平方米的收藏馆内，珍藏着10万余件价值连城的艺术珍品和古徽派建筑——这就是周园，一座有着『北有故宫，南有周园』美誉的私人收藏博物馆。

如果说有着秀丽山水的溧水是南京的后花园，那么周园可算得上是这花园中一座富丽堂皇的奢华宫殿与艺术殿堂。周园由英籍华人周贺桐先生建设，主要用于展示周氏家族收集的佛像、石雕、木雕、玉雕、古床和徽派建筑等藏品。目前，周园主要由仿古建筑、文化艺术展示中心及徽派建筑精品体验中心三部分组成。

美妙绝伦的雕刻工艺

　　周园的仿古建筑，主要由山门、御膳房、尚书房、太和斋、保和斋和狮龙堂等组成。虽然是现代人模仿故宫的新建筑，但其四合院式的布局、美妙绝伦的砖雕木雕、古朴厚重的文化底蕴，一点儿也不逊色于现存的古代老建筑。

　　山门是一座四柱三门的牌坊，门前广场上看似随性实则有意地散布着石象、石马、麒麟、佛像等石刻，广场南侧墙壁上镶嵌着一块刻于明清、栩栩如生的九龙壁。跨进山门，迎面而来的是一道中嵌寓意"吉星高照"的"福禄寿"三星砖雕照壁，其细腻的雕刻、生动的形象，引得游客驻足流连。

　　狮龙堂是周园仿古建筑中规模最大的建筑，也是陈列珍宝最多的楼房。狮龙堂一楼大堂两边陈列着两张花梨木仿竹制而成的多宝柜，上雕展翅欲飞的凤凰、下刻盘曲蠕动的游龙，为周园内工艺精湛、价值极高的慈禧年间的藏品；二楼中央陈列着一张重达3吨、名为"狮龙桌"的酸枝木长桌，堂与桌同为一名，桌面的云龙纹内还镶嵌有玉石，其雕刻工艺之精湛、文化内涵之深厚，使其成为周园的镇园之宝。

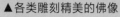
▲各类雕刻精美的佛像

▲极尽奢华的象牙"床王"

象牙"床王"极尽奢华

　　文化艺术展示中心位于周园仿古建筑西侧，这里主要陈列着佛像、大型石雕、木床、根雕、玉雕、牙雕等数以千计的文物和工艺品。佛像主要供奉在 300 多米长的千佛廊两边——上千尊不同时期、不同地域、不同风格的大小佛像，或站立，或端坐，或侧卧，或慈眉善目，或怒目圆睁……雕刻之精美，令人叹为观止。

　　木床馆内的藏品主要为民间木质家具，其中尤以木床最为壮观，120 多张民间古床，分成数排排开，有香气袭人的檀香木床，有光泽照人的紫红木床，有花鸟、人物、风景的雕花床，每张床背后都有一个动人的传奇经历。而最令人惊叹的是一张清朝末代皇帝溥仪旅居天津卫时所用的"龙床"，该床长 6 米、宽 5 米、高 2.8 米，占地面积多达 30 平方米，整张床由酸枝木打造而成，并镶嵌有精美的玉石和象牙，床左右各立有一枚用数千张象牙骨片拼制的两米多高的大象牙，极尽奢华，被誉为"床王"。

　　木雕馆内的藏品主要为近现代的木雕工艺品，其中又以根雕为多。而置于馆内醒目位置的"四大名柱"大型红木雕刻，更以其四根长度超过 10 米、直径超过 1 米的绝世珍材，以中国四大古典名著为蓝本精工细雕着其中的经典场景，成为又一镇园之宝。除了根雕，还有镶嵌着名贵玉石的百宝嵌屏风以及琳琅满目的玉雕、骨雕、瓷雕、象牙雕、水晶、刺绣、紫砂、泥人、云锦、漆器、剪纸、名家字画等。

▲周园内的徽派建筑

集徽派文化和建筑之精髓

参观完文化艺术展示中心，四座气派的徽派民居便映入游客眼帘。徽派建筑精品体验中心由四座从皖南徽州按1：1原貌迁移而建的民居和一座使用徽州古建筑材料复原和仿建的七进式周家大院组成。其中两座已被分别命名为"民宅"和"官宅"并对外开放，其外部建材、建筑布局和内部陈设等都是原物原貌迁移，并在迁移后做了精细修复，是徽州古宅异地复原的上乘之作。

周家大院位于"民宅""官宅"后方，占地4 000多平方米，其正门是一幢近50米长、20米高，气势恢宏的牌楼，横梁和立柱上雕刻着精美的图案，正中镶嵌着"周家大院"四个砖雕大字。步入周家大院，仿佛时空穿越一般地走进徽州古建筑的艺术殿堂，其七进七出的平面布局、三个院落的立体造型、精美的木雕砖雕、难以计数的明清家具，无一不是徽派文化艺术和建筑工艺的集中体现。

据了解，院内第二院落中有一座600多年前的古戏台，为安徽、浙江、江苏、江西等地众多能工巧匠和知名专家历时一年多共同修复，戏台飞檐翘角、歇山顶式，前台正对广场，后台是雕花矮窗的化妆室，其规模之巨大、造型之精美，为整个华东地区古建筑内部戏台之最。

▲周园狮龙堂

林散之纪念馆

一座永不落幕的书法博物馆

求雨山，位于南京市浦口区珠江镇西门，因古人曾在此设坛求雨而得名。该山虽松篁交翠、竹径引风，但高仅40余米，故一直名不见经传。二十世纪九十年代起，浦口区政府为纪念享誉海内外的「金陵四老」——当代书画艺术大师林散之、胡小石、高二适、萧娴，先后在山上建成四座纪念馆，求雨山中华书法小镇一跃成为江苏乃至全国独具特色的文化名人园，成为以「四馆」为依托、以书画为载体的全国著名书法圣地。「四馆」占地面积60余亩，绿化覆盖率达90%以上，为国家三级博物馆，集创作、展览、研究、书画人才培训为一体，馆藏一千余件大师级书画珍品，其艺术价值和经济价值不可估量。

▲林散之纪念馆正门

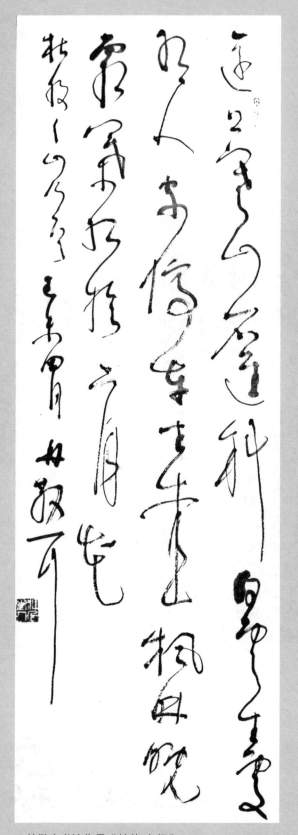

▲林散之书法作品《杜牧 山行》

▲林散之塑像

"当代草圣"之誉蜚声中外

林散之，名霖，又名以霖，字散之，号三痴、左耳、江上老人等，生于江苏江浦县（今浦口区），自幼酷爱书画诗文，尤以书法闻名并以草书擅长。早年曾师从书法家范培开、张栗庵、国画大师黄宾虹，后只身远游，跋涉万里学习，打下了扎实的艺术功底。

1972年中日书法交流选拔时林散之一举成名，其书法作品《中日友谊诗》被誉为"林散之第一草书"。1973年，《人民中国》画报第一期首页刊登了由郭沫若、赵朴初、启功推荐的林散之草书《东方欲晓》，在国内外书坛引起巨大反响。1984年，日本书法界泰斗青山杉雨访华点名要见林散之，并亲书"草圣遗法在此"相赠，从此林散之"当代草圣"之誉蜚声中外。

作为书坛"大器晚成"的典型代表，林散之以数十年寒灯苦学的低调人生，滋养了浓厚凝重的书画气韵意趣，其书画艺术达到了炉火纯青的高超境界，赵朴初、启功等著名大家将他的诗、书、画称为"当代三绝"，其书法代表作有《许瑶诗论怀素草书》《自作诗论书一首》《李白草书歌行》等。

▲馆内藏有林散之不同时期的书画作品 400 余件

既是纪念馆，也是书法博物馆

　　林散之纪念馆位于求雨山中华书法小镇中央，馆门坐西朝东、飞檐翘角、两叠三檐，内有束筼亭、爱雨轩、阅翠楼、墨香阁、宝砚斋、散木山房、碑廊、碑亭等建筑。整个建筑群依山傍水，错落有致，具有浓郁的江南古典园林风格。

　　林散之书画作品主要陈列于纪念馆坐北朝南、上下两层的散木山房内，匾额由当代女书法家萧娴题写，大厅正中林散之铜雕背后的楹联"雄笔映千古，巨川非一源"为赵朴初所题写。馆内藏有林散之不同时期的书画作品400余件，其中草书手卷《论书绝句13首》，长达720厘米，堪称巨制；长卷《古银杏行》，以江浦汤泉镇惠济寺内相传是南北朝梁武帝太子梁昭明亲手所植、距今已有一千多年历史的三株银杏树为对象，通篇521字，是馆藏字数最多的一幅作品；巨幅山水画《江浦春图》，以林老亲身参与的1954年抗洪救灾为背景，再现了当年民众修堤时的劳动场景，共刻画挑土、打夯的各类劳动者635人，形态各异、栩栩如生，被誉为当代的"清明上河图"。

　　散木山房外间被誉为镇馆之宝的书法碑廊，全长100米，廊壁上镶嵌着47块黑色花岗岩，镌刻着林老不同时期的书法佳作，更是行、草、隶、篆诸体悉备，着实蔚为壮观，令人叹为观止。

▲纪念馆具有浓郁的江南古典园林风格

第三章 感悟历史，鉴注知来

南京博物院

记录历史的『时空之门』

在这座有着数千年文明史、近2600年建城史和近500年建都史的古城南京，有一座博物馆，它传承的是生生不息的中华文明，展示的是『虎踞龙盘』的光辉与荣耀。

南京博物院，一座以『院』为名的博物馆，是中国创建的较早的博物馆之一，其馆藏文物上至旧石器时代，下迄当代，每一品种又自成历史系列，是数千年中华文明历史发展最为直接的见证。这座历史的『时空之门』记录下了太多的故事，而它本身也是一个传奇。

▲南京博物院汉服表演　219

▲南京博物院特展馆

特立独行辽式风

　　1927 年，中华民国定都南京，在 1927 年到 1937 年这段时间内，南京进行了大规模的首都建设，政府机关和各大科研院所在南京建立了大量的办公用建筑。这些建筑的材料基本上是钢筋混凝土，装饰和风格上有很多建筑采用了"中国固有之形式"的建筑风格，即仿明清官式建筑。但唯独位于中山东路 321 号的国立中央博物院大殿采用了辽代建筑的风格。

　　二十世纪初的设计师们，受欧美复古思潮的影响，推崇唐、辽建筑风格。以梁思成、刘敦桢为首的古建筑研究机构"营造学社"发现，辽代建筑不仅在风格上继承了唐代建筑的豪爽之风，而且更有加强的趋势。辽代建筑以造型朴实雄厚而出名，因此它的屋面坡度较平缓，同时立面上的柱子从中心往两边逐渐加高，使檐部缓缓翘起，不仅给人轻快腾飞之感，减弱了大屋顶的沉重感，同时也扩大了屋子内部的空间，更好地满足展览陈列空间的规整需求。由于当时南京中山东路上其他几幢仿古建筑基本上是采用仿明清风格，为了与它们有所区分，辽代建筑成了最好的选择。

国立中央博物院原计划建立人文、自然、工艺三大场馆，但因战争，到1948年只建立了三馆之一的"人文"馆，也就是今天的南京博物院的"老大殿"。

"老大殿"的主体结构采用了以辽宁锦州义县奉国寺为蓝本的辽代风格，但是其在各部分细节上仍然有众多的创新以及改变。首先体现在建筑师对于新技术、新材料的应用。在中西文化碰撞下，采用仿古外形的同时，在内部材料的选用上以西方建筑材料，如水泥为主，与传统的木材相比，既加强了建筑的牢固性，也增加了其使用的年限，可谓一举两得。其次，在内部结构设计的细节上也有自己独特的创意。如将陈列室设计成平屋顶式的结构，这不仅沿用了当时美国众多博物馆所采用的形式，同时也是一次力图将中式建筑与西式建筑相结合的实践。对于传统的建筑形式，平屋顶式的结构更有利于采光、扩大空间等，更加能够适应博物馆这一特殊性公共建筑的各项要求。

▲户外拴马桩展示区

▲化石陈列区

博物大梦路蹒跚

南京博物院的前身是原国立中央博物院筹备处，由蔡元培先生在 1933 年倡导建立，以应对当时北方动荡的局势——故宫文物南迁。同时也是顺势在中华民国首都南京建立后建成一座现代化的博物馆。

1934 年 7 月，"中央博物院建筑委员会"成立后，着手进行博物院主体建筑筹备工作。1935 年 4 月，南京市政府正式复函筹备处，同意征收半山园 100 亩（后又增加 93 亩）为院址。

1936 年 4 月，中央博物院第一届理事会成立并举行第一次会议，13 人当选为理事，蔡元培为理事长。院舍工程进行一年多后，1937 年 7 月，抗日战争爆发，敌机对南京频繁轰炸，一日数惊，建筑工程不得不于 8 月底停下来。当时第一期工程已完成大半（约完成 75%），再有半年便可全部完工。

▲负一层休息区　　　　　　▲连接大殿与特展馆的长廊

　　1948 年 4 月，第一期工程及附属工程竣工，并通过验收。5 月 29 日至 6 月 8 日，中央博物院筹备处与故宫博物院在新落成的博物院陈列室内举办了联合展览，展出商周铜器、汉代文物、民族文物、历代帝后像等。新中国成立后，中央博物院筹备处被正式命名为"南京博物院"。二十世纪五十年代初，人民政府又拨款对博物院的建筑作整修、增建，至此，博物院的第一期建筑工程才算最后完成。

　　1999 年 9 月，南京博物院艺术陈列馆落成开馆。2013 年 11 月，南京博物院二期扩建工程完工，闭馆四年的博物院重新对外开放。走过八十多年艰难曲折而又辉煌灿烂历程的南京博物院成为南京城东一处醒目且耐人品赏的风景。

　　如今的南京博物院，已成为南京的地标性建筑之一。经过二期扩建工程后的南京博物院，现已形成"一院六馆"的展览格局。历史馆的千年文明，艺术馆的天工巧夺，民国馆的独具匠心，特展馆的精妙绝伦，数字馆的高端洋气，非遗馆的脉脉温情，让这座历经风雨、饱经沧桑的文化圣殿继续传承的同时又焕发出了新的活力。

中华农业文明博物馆

揽中华文明精华，集古今农业稀珍

汉代时烙煎饼的锅长什么样？古代的水车有多大？我国最早的青霉素又是怎么来的？这些问题，都可以在南京农业大学的中华农业文明博物馆中找到答案。

中华农业文明博物馆创建于2004年10月，是我国高校第一个系统收藏、研究和展示中国农业历史与文化的专题博物馆。馆内藏品有历代石、铜、铁制系列古农具，古代农作物和动物标本，中外农业土壤标本以及反映中国古代农村生活和农业文化的文物，同时还收藏有原版古农书3000余册。

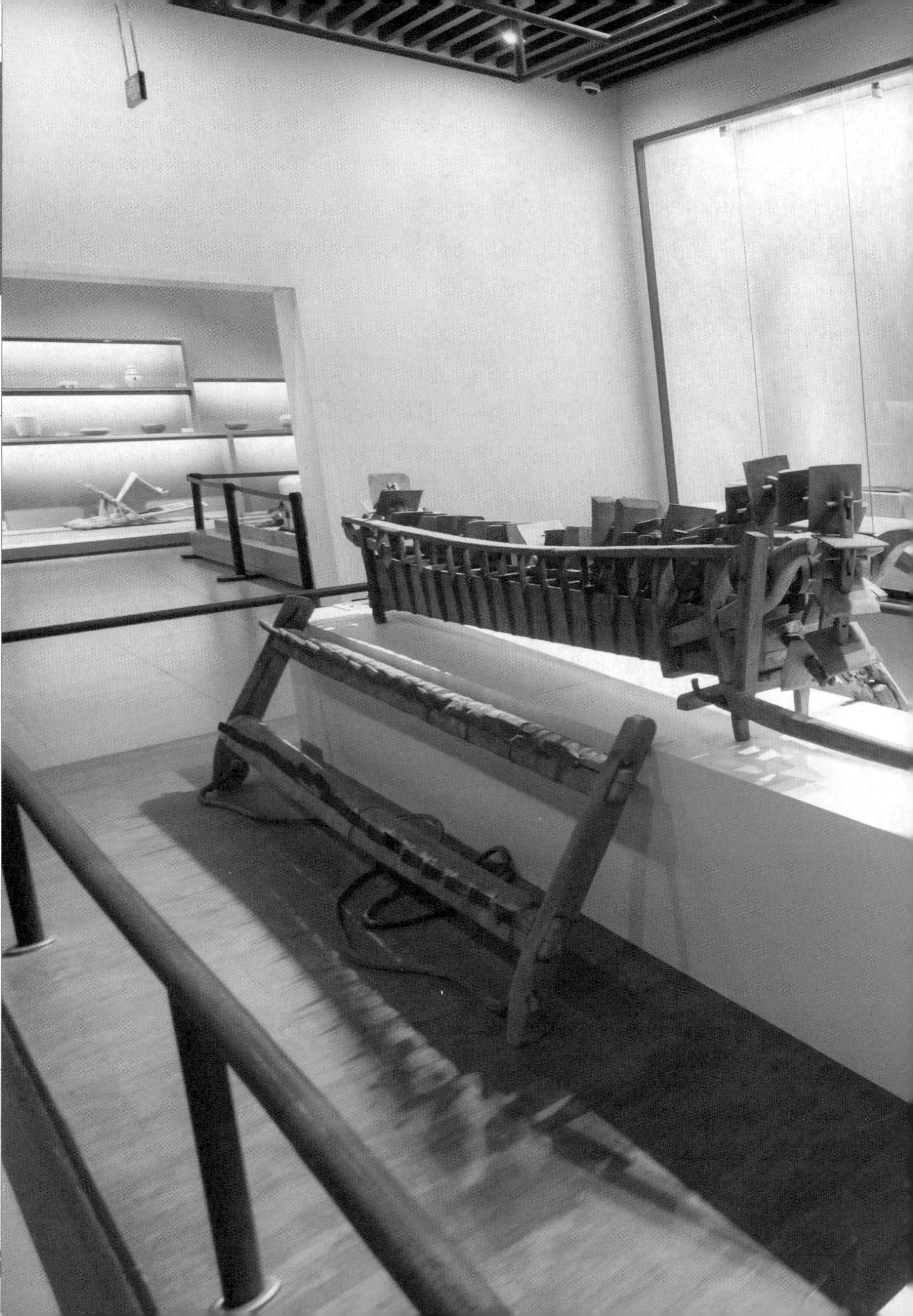

▲ "龙骨水车" 227

明嘉靖刻本《齐民要术》

中华农业文明博物馆以中国农业起源为起点，以科技发展为主线，系统展示了从原始农业到传统农业、近代农业和现代农业的演变过程，真实地反映了我国农业发展的特色和成就。在各个展品当中，最珍贵的当数明嘉靖年间马直卿刻本《齐民要术》，是该馆的镇馆之宝。

《齐民要术》是我国现存最早和最完整的一部农书，它系统记载和总结了北魏时期黄河流域的农业生产经验，内容以种植业为主，兼及蚕桑、林业、畜牧、养鱼、农副产品加工等各个方面，被称为"中国古代农业的百科全书"，居中国五大农书之首。

"明嘉靖刻本《齐民要术》是 1524 年印刷成书的，全国仅存两部，因此被国务院古籍整理小组列为重点文物。我们的藏本是目前保存最完整的一部，近似于孤本。另一部在上海图书馆，那部少了两卷。"中华农业文明博物馆工作人员介绍。

在经历了 400 多年的风雨后，书本各部分都有了不同程度的损坏，因此在二十世纪八十年代，南京农业大学将该书交由上海图书馆古籍部代为修缮，现在所看到的封面就是当时添加上去的。这套书除了重装封皮外，还有一个更好的保护措施。中间部分发黄的纸张是原来书本中的，而边上一圈白色宣纸则是修缮过程中加上去的，这样就避免了阅读者直接接触原来的纸张，以此保护书本。

▲《齐民要术》

▲唐代的铁锄等农耕用具

中国最早的"摊煎饼神器"

　　馆中还陈列着大量的石、铜、铁、木制农业工具，其中既有原始农业时期的木石工具如砍砸器、刮削器、石刀、石斧、石磨盘，也有传统农业时代的铁木生产器具。

　　展馆中，一件"龙骨水车"最为引人关注。"这辆水车长达7米，是需要多人踩踏或畜力牵引的大型灌溉器具，这种水车由东汉发明家马钧所设计。"工作人员介绍，"这台水车是目前馆内最大的展品，别看它有7米长，但是因其由杉木打造，重量只有20多千克，一个成年人就可以轻松扛起来。"

　　在展馆的中心位置还摆放着一个外形如锅盖状的铁质品，锅面中间高四周低，直径有将近40厘米，锅底下端还各有三个高度约10厘米的"脚"。"这个器具叫作铁鏊，是汉代人使用的炊具，可以说是我国历史上最早的'摊煎饼神器'。"工作人员解释道，"汉代人将柴火放在锅底加热，然后将和好的面团平摊在上面做成面饼，就像如今街头的摊煎饼一样。可别小瞧这小小的煎饼锅，它可是当时生产力发展和生产技术提高的有力见证。在汉代以前，农业生产者无法将粮食做精加工处理，只能吃煮熟或蒸熟的粮食。到汉代，农业生产者学会了用工具将粮食加工成面粉，大大丰富了人们日常饮食的种类。"

▲汉代铁鏊

▲杵臼

▼近代称量大米用的铁箍木斗

炮火中带回国的盘尼西林菌种

博物馆的另一样镇馆之宝是我国最早的青霉素，也就是盘尼西林菌种，它装在一支很小的砂土玻璃管里，已熔封了口。"这是由我校樊庆笙先生在二十世纪四十年代从国外带回的。"工作人员介绍。

樊庆笙是南京农业大学的前身——金陵大学的老师，1940 年曾被派去美国威斯康星大学进修，靠着每月 50 美元的资助，拿到了博士学位。1944 年 1 月，作为细菌学检验专家，樊庆笙加入美国援华机构——美国医药助华会，冲破日军的重重封锁，历经艰难回到祖国。樊庆笙回国时，随身带着刚在美国问世不久的盘尼西林菌种，这一试管黄色的粉末当时比黄金还贵重。

1943 年，威斯康星大学的生化和细菌学院建立了研制盘尼西林的小组，同年秋天取得了决定性进展，拯救了千百万人的生命。樊庆笙觉得苦难的中国更需要盘尼西林，他向美国医药助华会会长坦陈了自己的想法：回国后承担血库工作的同时，搞盘尼西林的研究。会长对他的想法表示支持，于是帮助他采购有关研制盘尼西林用的仪器、设备、试剂和溶剂，还帮他搞到了两支菌种。加上威斯康星大学赠送的一支菌种，樊庆笙将三支菌种带回了祖国。在这几管菌种的帮助下，1944 年底，我国第一批每瓶 5 万单位的盘尼西林面世，使得战乱中的中国成为世界上率先制造出盘尼西林的 7 个国家之一。

中华农业文明博物馆如同一部生动形象的立体农业历史百科全书，为参观者提供我国历史上农业技术、农业经济、农村生活、乡村习俗等方面的知识与文化，使其了解中华农业文化的博大，感受中华农业文明的精髓，弘扬文化自信和爱国主义情操。近年来，南京农业大学又陆续投入数百万元对农博馆二期场馆进行了改造，增加了农业文化遗产综合实验教学中心和互动多媒体设备，参观者可以更直观地了解博物馆的农业历史。

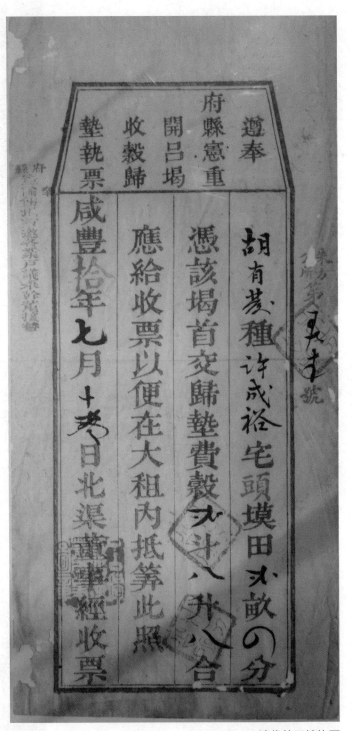

▲清代的田地执票

近代警察史博物馆

中国近代警政演进脉络

警察，一个妇孺皆知的职业，一个象征正义的群体。可是，你知道何时开始出现警察的吗？他们一开始就叫警察吗？……其实，古代中国并没有警察制度，经过逐渐发展和趋于规范，当代警察制度逐步确立。在位于江苏警官学院内的近代警察史博物馆，你可以去探寻一百多年前的警察的故事。

▲ 展厅一角

4 000 余件珍贵文物见证近代警察发展史

　　近代警察史博物馆由江苏警官学院民国警察史文献研究中心筹建而成，于 2013 年 11 月开馆，展馆面积近 1 000 平方米，通过展示大量近代时期的警察证书、徽章、照片、档案等资料，回望中国警察诞生和发展的历程，其中大部分展品由警史收藏家、馆长何稼男先生提供。

　　博物馆设有序厅、中国近代警察的创建、民初及北洋时期的警政发展、警察制度的演变、人民公安的创建等几大板块，通过 4 000 多件珍贵历史实物和 600 多张老照片记录了从清代到 1949 年 10 月 1 日中华人民共和国成立前中国警察诞生及发展的历程。

保甲制度的衰落催生了警察职业

众所周知，现在的户籍管理是由公安部门所管辖，然而在古代，警察这个职业尚未出现，那么户籍是由谁来管理的呢？

对于民间来说，人们更熟悉保甲制度。清代的保甲制度规定，十户编为一牌，设牌头一人；十牌为甲，甲立甲长；十甲为保，保立保长。

在馆内，展有几张清代时期的"保甲门牌"。工作人员介绍，"保甲门牌"也叫"烟户门牌"，由当时的官府发给每户，这几张"保甲门牌"算得上是馆内的镇馆之宝之一了。

原来，那时候每家每户的信息都要登记在门牌上，并悬挂在门首，以便每日稽查。也就是说，每一户户长的姓名、籍贯、年龄、生理以及雇工等各类丁口的详细信息，皆不能遗漏。看一眼门牌，就知道家里几口人。

不过，保甲制的实质其实是连坐法，将全国变成大囚笼——连坐就是一家有"罪"，

▼清代老门牌

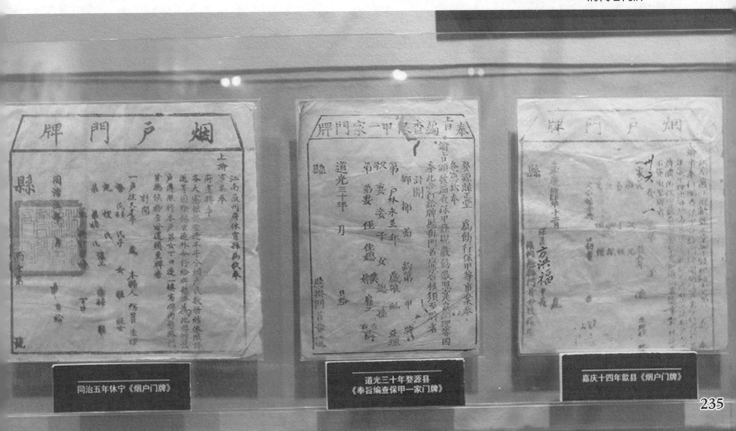

同治五年休宁《烟户门牌》　　　道光三十年婺源县《奉旨编查保甲一家门牌》　　　嘉庆十四年歙县《烟户门牌》

九家举发，若不举发，十家连带坐罪。这迫使家长对家人实行监督，并对其行为负责，也使居民相互之间横向监视，共同对国家治安负担连带责任。

然而，后来的保甲制度也多被诟病：一般公正人士多不愿担任保甲长，很多不肖之徒又多以保甲长有利可图，百般钻营。也就是说，保甲制度导致了土豪劣绅对农村社会的无序统治，民间多有怨气。

在保甲制度还稳固在中国基层的土壤里时，警察作为专门的职业在西方出现了，距今也就不到 200 年的时间。中国的警察制度从清末开始产生。

著名实业家张謇 1897 年在南通开办了大生纱厂，而因为周边的治安管理不善，地方保甲腐败不堪，呈准以地方自治的名义，购买了枪支，成立了保安组织。这个组织其实就是中国最早的经济警察的雏形，有着管辖地方治安的警察属性。

▼近代警察徽章

旧时警察还要代收路灯费、自来水费

在近代，警察除了维护社会治安、打击犯罪，还要管理许多其他的"事"，中华民国时期警察的职能，可以用"太平洋的警察——管得宽"的歇后语来形容。

在馆内，有一张民国时期的警察牵着水牛拉着洒水车的照片，"新生活运动"中警察们成群结队打扫卫生，因为城市卫生也属于警察的职能之一。此外警察们还要负责医院、菜市场、屠宰场的防疫，管理来华外国人，甚至还要给经商者颁发许可证……从户政管理、治安管理，到刑事侦查、交通管理；从卫生管理、经济管理，到外事管理、黄赌毒管理……那时候警察们的职责范围很广泛，大大小小的社会管理职能均能见到。

工作人员介绍，那时候，医生行医是要到公安部门去审批的，结婚证是公安机关印发的，很多杂七杂八的费用也是警察代收的，比如防空费、路灯费、自来水费、门牌费等，公务繁忙可见一斑。

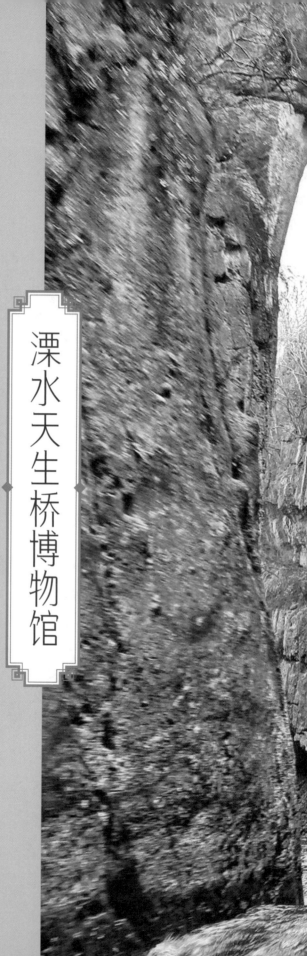

溧水天生桥博物馆

挖掘胭脂河和天生桥深厚底蕴

去南京溧水旅游，想必你一定会去天生桥景区逛逛，但你知道胭脂河和天生桥有着怎样的历史渊源吗？溧水当地有哪些民俗特色？在溧水天生桥博物馆里，你就能找到答案。该馆位于天生桥景区游客中心的西侧，目前已经成为胭脂河天生桥旅游度假区的重要组成部分，免费对公众开放。

△人工开凿的胭脂河

江南第一大龙

整体造型与"天生桥"遥相呼应

溧水天生桥博物馆由南京大学建筑规划设计研究院设计师张雷主持设计。整个博物馆为一栋三层框架结构建筑，建筑面积 5 724 平方米。

设计师以天生桥为意向，将建筑形体以桥的方式组合在一起，形成以首层玻璃盒子造型，反射广场水面的波动，寓意胭脂河的流动意向。整体建筑犹如长虹卧波，主体颜色采用褐色，与胭脂河两岸岩土颜色相统一。上层以仿岩石的材质将建筑抽象成岩石造型，与"天生桥"遥相呼应。博物馆通过中轴对称的造型设置，以抽象简洁的手法设计布局，以内敛的气质体现出文化气息，并突出建筑的地域性特征，使整体建筑风格简洁、庄重、大方。

博物馆一层是以胭脂河开凿过程为场景的 5D 动感体验区，体验区用游船作为参观载体，依托 5D 互动体验技术，让观众登上游船后可以在 90 多米的航行轨道上依次体验明初漕运、逆流而上、太祖调度等 10 多个开凿故事节点，以一段穿越式的动感漫游，回到 600 多年前的明代，尽情体验一段波澜壮阔的胭脂河开凿画卷。

二层为敞开的休闲观景区，中央地面布设大幅砖雕，其中有仇英所绘的《南都繁绘图》，营造了浓郁的文化氛围。

▼以胭脂河开凿过程为场景的 5D 动感体验区

▲依据《溧水县志》卷首绘图制作的微缩模型

在这里，可以了解溧水的历史

溧水天生桥博物馆三层为博物馆陈列区，也是整个博物馆的"重头戏"，主要以胭脂河历史与溧水古今为主题进行展陈布局。走进三楼陈列区，会让人有眼前一亮的感觉，整个陈列区分为序厅、四个主题展示区、公共休闲空间、赵松泉艺术专题展区以及临展区。

四个主题展示区分别为胭脂旧梦奇观篇、人文荟萃名人篇、遗珍古意文物篇、风俗人情民俗篇。胭脂旧梦奇观篇主要展示胭脂河开凿的背景、过程、技术、作用以及运河沿线的风情景观等内容；人文荟萃名人篇以园林造景为该展区的空间特色，深入挖掘李白、崔致远、白季康、俞栗、齐泰等重点人物的内容，设置相应场景，融入整体空间氛围中；遗珍古意文物篇主要展示溧水诸多遗址墓葬、历代文物、碑刻、古桥古塔、古村古祠等内容；风俗人情民俗篇围绕蒲塘庙会、骆山大龙、明觉铁画等溧水民俗特色展开，凸显溧水万象纷呈的文化底蕴。

赵松泉艺术专题展区主要展出大师生活照、展览照、书房还原以及大师作品真迹。另外，在"溧水古城"展示区，依据清光绪《溧水县志》卷首绘图制作的微缩模型惟妙惟肖，还原了清代光绪年间溧水县城的格局，令人称奇。

一览胭脂河开凿奇观

来到天生桥博物馆，不能不了解胭脂河与天生桥的历史渊源。在胭脂旧梦奇观篇展区，运用了大量翔实的图片与实物，展示了当年胭脂河开凿的背景、过程、技术，整个开凿过程令人叹为观止。

朱元璋定都南京后，为了稳固明朝政权和维持京师的庞大开支，需常年向全国各地征收粮食等物资并运往南京。苏浙乃鱼米之乡，为朝廷粮食和赋税的主要来源地，当时苏浙粮食经漕运至京师主要有两条路线：一是自浙河用船运至丹阳，再改用车辆运至南京，"转输甚难"；二是自长江溯流而上，"风涛之险，覆溺者多"。朱元璋认为，假如开凿一条运河将秦淮河与石臼湖连通，便可使苏浙粮船从太湖进入濑溪河（古称中江，又称胥河），经东坝入固城湖，再经石臼湖到洪蓝埠入秦淮河，从而消解转输难题和江涛风险，遂决定"今欲自畿甸近地凿河流以通于浙，俾转输者不劳、商旅者获便"。

洪武二十六年，朱元璋命崇山侯李新前往溧水考察可使苏浙粮运经东坝直达京

▼古代碑拓

▲馆内展品

师的水运线路。李新在仔细察看秦淮河上游的山川布局和石臼湖岸边的水网分布后，发现秦淮河源头与石臼湖洪蓝埠相距很近，唯一困难的是两者中间隔着一座数十米高的胭脂岗，如果能在胭脂岗中凿开一条长十余里的人工运河，引石臼湖水"会秦淮以达金陵"，运粮的线路难题便可迎刃而解。于是，受命"督视有司开凿胭脂河"的李新，便很快组织当地数万民工，开始实施开凿运河计划。

胭脂岗位于溧水城西，自古便有"石有胭脂色，故名胭脂岗"之说，其石质主要由含铁的砂岩、砾岩和部分页岩组成，岩石坚硬、崖壁陡峻，在当时还不具备爆破技术的情况下，要在长约7 500米、高程20~30米的石山上开凿一条深30多米、底宽10多米、上宽20多米的运河，其工程之艰巨简直难以想象。李新遂采用前人"火烧水激"传统工艺，用铁钎在岩石上凿缝，将麻嵌入石缝中，浇以桐油，点火焚烧，待岩石烧红，泼上冷水，利用热胀冷缩原理使其裂开，然后将石块撬开，搬运出去。经过艰苦施工和"役而死者万人"之后，"西达大江，东通两浙"的运河终于如期完工，并借"胭脂岗"取名"胭脂河"。天生桥是在开凿胭脂河过程中，为方便日后东西交通，工匠们利用石质最硬、地势最高的完整岩石，在岩层下面挖掉疏松石块，使其跨越在胭脂河上，其所谓"天生"，并非该桥天然形成，而是该桥完全利用天然岩层并经精巧设计开凿而成，没有外加其他建筑材料。

侵华日军南京大屠杀遇难同胞纪念馆

一段不能忘却的历史

纪念馆，象征着这座城市记忆的延续。对南京来说，整座城市绕不开的一段记忆是日军侵华的历史。

1985年，在南京江东门，由中科院院士、东南大学建筑教授齐康设计了第一期侵华日军南京大屠杀遇难同胞纪念馆后，又于二十世纪九十年代做了二期扩建。如今，纪念馆又经历了第三个阶段。它的三期新馆由中国工程院院士、华南理工大学建筑设计研究院院长何镜堂领衔设计建造。

和平
Peace

▲ "和平女神"主题雕塑

▲群雕作品之《家破人亡》

"胜利之路"：重温一段波澜壮阔的历史

作为旧馆的扩建工程，南京大屠杀遇难同胞纪念馆新馆采用了与过去不同的叙述方式。纪念馆的一、二期，主题分别是"生与死"和"古城的灾难"。断壁残垣、遇难者名单墙、人形雕像，这些元素和建筑灰暗的色调叠加在一起，让一、二期工程显得极为沉重。比起原馆的肃穆感，新馆希望让人记住悲恸的同时，表达出"胜利的喜悦"与"和平的实现"。

尽管新馆的门面仍旧是灰色，以厚实的混凝土浇筑，但从总体设计来看，它更开放、柔和，使用了诸多流畅的曲线，并且用草地的亮色减弱了沉重感与尖锐感。

新馆希望呈现的"胜利"主题，通过一条叫作"胜利之路"的参观路线呈现，这条路带有强烈的隐喻意味，采用的是建筑中常见的手法——以光的强烈对比象征一段从黑暗到光明的经历。"胜利之路"上的胜利之墙由深红色的铁锈板组成，既像一只抽象的凤凰，代表着浴火重生，又像一面招展的红旗，代表着抗战胜利。这座墙是用喷硫水的方式使钢板加快生锈，等钢板锈到一定程度时再将溶液洗掉，从而使锈固化。在"胜利之墙"最前端"7"字形的标志物上是火炬台，上面设置有火炬，遇到重大活动时，火炬台上的"胜利之火"将熊熊燃起。

新馆将历史回忆与当前的城市生活对接，容纳了死亡的悲恸和胜利的喜悦。

"三个必胜"：提醒人们铭记过往

新馆建筑总面积 15 900 多平方米，分为地下与地上两层，展厅的入口就设置在胜利之路上，其中地下部分为"三个必胜"主题展厅。

新馆主体部分为何要设在地下？据设计者介绍，新馆建筑面积约为老馆的 6~7 倍，为避免新建部分体量过大，对原有纪念馆产生压迫感，故采用了"体量消隐"的办法，将新建部分的纪念馆主体部分埋在地下，屋顶为倾斜的纪念广场。内部空间运用倾斜的墙体、缓坡的地面、穿插的桥等，组合成一种错乱冲突的压抑空间。

"三个必胜"主题展分为侵略者的罪恶、不屈的抗争、法西斯的投降、正义的审判、争取持久和平五个部分，共展出图片 1 100 余幅、文物 6 000 余件（套），用大量文物、翔实资料和历史影像，提醒人们铭记历史、缅怀先烈、珍爱和平、开创未来。

▼纪念馆入口

　　展厅多处采用了"矩阵式"的设计理念，如一把长约 7 米的特大型铸铜军号，象征抗战胜利 70 周年；与其相连接的是书写有"胜利号角"四个立体字的红飘带，象征全世界爱好和平的人们共同吹响了反法西斯战争胜利的集结号；右侧墙面上，以抗日战争时期的中国军号为原型复制了 192 把军号，分两部分呈阵列式悬挂于墙上：一部分为 93 把，代表 9 月 3 日为中国人民抗日战争暨世界反法西斯战争胜利纪念日；一部分为 99 把，代表了 1945 年 9 月 9 日在南京举行的中国战区日本投降签字典礼纪念日。

　　馆藏文物中，国家一级文物有 100 多件，都是第一手珍贵史料。

▲侵华日军受降仪式场景复原

▲纪念馆序厅

"和平公园"：平复悲愤心情祈盼幸福

步出纪念馆冥思厅玻璃幕墙后，便来到和平公园。参观者一下脱出压抑的室内环境，来到公园之上，近可观南侧青山松柏，北可看胜利之墙浮雕，向远处望去，则是耸立的和平雕塑及水中的倒影，人们仿佛进入了另一个世界，顿生珍惜和平、祈盼幸福美好之感。和平公园位于纪念馆区的西部，总面积达 32 000 多平方米，主要由馆藏交流区、和平雕塑、景观绿化和照明亮化、水池等组成。公园内修建了人步道、排水沟，地面用硬质石材铺装，土坡上满铺草皮，坡下条石顺坡摆设，相得益彰。

▼纪念馆的石壁墙上，用中英日等多国文字镌刻着"遇难者 300000"

▲和平公园

　　据设计者介绍，在和平公园的设计上，整个空间氛围以表达和平的美好为主题。设计中，在南边与城市人行道交接处以填土方式堆起一个草坡，草坡自东向西缓缓下降，在接近公园纪念雕塑水池边与地面相平；与之类似的是，在两侧绿地植物的安排上，也是由茂密到稀疏。如此设计的用意是让人们整理参观展馆后的压抑情绪，平复悲愤的心情。

　　和平公园中部是巨大的长条形水池，人们的视线将直接被引向水池终点的和平女神塑像。塑像位于黑色花岗岩石材的"和平"基座之上，基座高 18 米，塑像高 12 米——它由一个手托和平鸽的母亲和期盼和平的儿童组成，象征着人们对和平生活的向往。

南京民间抗战博物馆

为了纪念每一个不屈的中国人

硝烟远去，国殇难忘，1937年12月，侵华日军制造的南京大屠杀惨案，使30多万手无寸铁的中国平民惨遭杀害，给劫后余生的幸存者留下难以抚平的伤痛和苦难记忆。

在南京，有这样一座特殊的博物馆，它以独特的视角，记录着这段屈辱的往事，在这个和平年代，向人们发出不可忘却的警示，让人们铭记这段屈辱的，同时也令中华儿女奋起的历史，它就是南京民间抗日战争博物馆。

历史的真相不容被遗忘

南京民间抗日战争博物馆是反映南京人民抗日斗争的民间专题博物馆。该馆建于 2006 年，坐落于南京市雨花台区安德门大街 48 号，由吴先斌先生个人投资筹建。安德门，是南京保卫战时中国军人为抵抗日寇而浴血奋战的战场之一。1937 年 12 月 13 日，日军的铁蹄冲破我防线，南京沦陷。此后 6 个星期的时间，日军在南京大规模屠杀、强奸、纵火、抢劫，我 30 万同胞悲惨地沦为冤魂，整个城市化为废墟。

70 多年过去了，昔日的屠场已再度成为一座繁华的都市。在平常的日子里，年轻的一辈只能从教科书上知道南京大屠杀这一名词。然而，这段血淋淋的屠城史永远是南京这座城市一道无法消弭的伤疤，是中华民族心中最深的痛。历史的真相不容被遗忘，更不容被抹杀，尤其是南京大屠杀——这场人类文明史上惨绝人寰的浩劫。

为了纪念我们无辜遇难的同胞，缅怀抗击日寇浴血奋战的先烈，铭记这段屈辱的，同时也令中华儿女奋起的历史，吴先斌先生建立了这座博物馆。该馆面积达 2 000 多平方米，二楼设有"南京保卫战"主题展，三楼设有"不愿做奴隶的人们""抗战风云""抗战文献""抗战徽章"等主题展区，四楼作为资料室陈列着有关抗日战争的书籍 4 万余册。目前，馆内珍藏文物 5 100 余件，包括 300 余张侵华日军的作战地图，记录南京大屠杀的历史照片、实物，各种抗战勋章，以及终生致力于南京大屠杀研究的华裔女作家、历史学家张纯如采访幸存者的影像资料和书籍等珍贵历史文物。

▲国民革命军新编三十四师驻地铭牌

以平民线索纪念每一个不屈的中国人

走进"南京保卫战"主题展厅，迎门一组抗日将士们的浮雕凝重而震撼人心，左侧镌刻有巨幅《义勇军进行曲》词谱，右侧悬挂着 72 张南京大屠杀幸存者照片，整个展馆布局简朴而庄严。

展厅内，一排刀剑匕首整齐地摆放在展柜里，每件都已经锈迹斑斑，亲眼见到抗日战士们作战使用的武器，这段历史仿佛就在眼前。馆内收藏有抗战期间军民所使用过的生活用品及少量武器，展示的物品非常注重个体和细节：有反映南京市民的，有反映中国士兵的，也有反映日本侵略者的。透过每件展品，仿佛能看到当年活生生的战争痕迹。

工作人员表示，民间抗战博物馆更多的是关注抗战的主要经过，以普通人在抗战中的经历为主，以平民线索纪念每一个不屈的中国人，这也是比其他博物馆更为生动的地方。

▼抗日将士使用的刀剑匕首

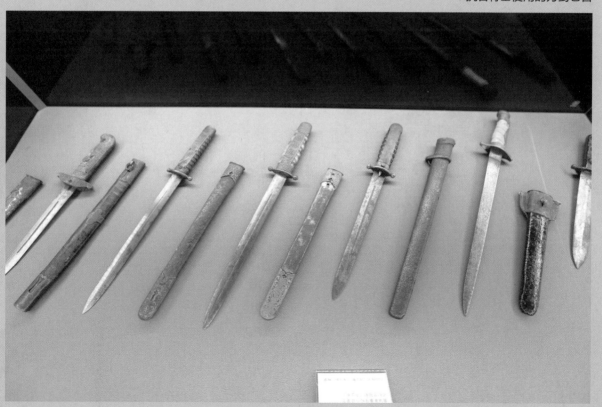

南京审计大学货币博物馆

探秘人类货币千年进化史

货币是人类生产和交换的产物，是财富的象征，也是精美的艺术品。从夏朝时期的贝币，到如今的第五套人民币，在南京审计大学的货币博物馆里，就有着上万件货币展品，浓缩了人类货币几千年的沧桑岁月。

南京审计大学货币博物馆始建于1996年，经过不断地充实与完善，目前扩建成为涉及古代货币、近代货币、人民币、外国货币、有价证券及货币研究史史料等的专业博物馆，也是江苏高校中唯一一座专业性钱币藏品馆。

▲秦半两

秦半两——为金属铸币奠定了基础

货币记载着一个国家政治、经济发展的过程，折射了该国或地区的文化底蕴，同时也反映了当时当地的货币思想及经济思想。公元前221年，秦始皇统一中国，为了巩固统治，同时统一币制，于秦始皇三十七年进行货币改革——"以秦币同天下之币"，开始发行方孔圆形的秦半两，其钱文"半两"由丞相李斯所书。秦半两所开创的方孔圆形的铸币形式也为其后两千年金属铸币的基本制式奠定了基础。

秦半两的外圆代表天圆，而方孔则代表地方。因此方孔圆钱也象征着古代天圆地方的宇宙观，此哲学观点来自《易经》。但也有人认为，圆形方孔是为了满足生产、加工、携带、流通和储藏的需要，并且是在长期实践中发展而成的较为科学的制式。

秦朝灭亡后的西汉初期仍使用秦制半两钱，但由于一开始允许民间私铸，再加上当时人们的藏富思想，钱制较乱，于是汉武帝进行了多次货币改革。汉武帝元狩五年是其第四次货币改革的开始，正式铸行了五铢钱，其铸行历史较长，直至隋朝才宣告终结。

镇馆之宝"郢爰"——中国最早的金币

货币发展到春秋战国时期，不得不提到货币博物馆的镇馆之宝——两块只有指甲盖大小的金币。这是春秋战国时期楚国发行的钱币，叫"郢爰"。这种金币一版50枚，目前官方估价约为50亿元。但现在大多都是单枚或几枚相连，目前单枚拍卖价为1万至5万不等，为国家一级文物。

金币是楚国的主要货币形式之一，史称楚金币为印子金、版金、金版、饼金等，现在则一般称其为"爰金"或"郢爰"。其中，"郢"为楚国早期都城名，"爰"为货币重量单位，一爰即楚制一斤，约为250克。楚金币很有特点，它是一种称量货币，其铸造时是一个整版，使用时切割并用等臂天平称量使用。该馆珍藏的多个单枚郢爰，也是品相最好的，可以说是镇馆之宝。

▼楚国金币"郢爰"

▲唐代开元通宝

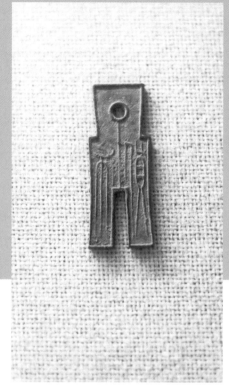

▲新莽货布

开元通宝——标志着铢两货币体系的终结

唐代是公认的我国古代最为富庶强盛的朝代，而货币是其强盛的重要见证。货币博物馆馆藏的唐代"开元通宝"，其钱文由大书法家欧阳询所书，钱文读法按上下右左的顺序读作"开元通宝"，其中"开元"即开国奠基之意，而"通宝"则是"流通宝货"之内涵。

开元通宝的出现在我国货币史上具有划时代的意义，该钱式为此后历代王朝铸币的标准，此后钱币开始以纪年为主，而不再以重量为名称，标志着铢两货币体系的终结和宝文钱制的建立，对中国封建社会货币经济有着重要影响。开元钱的形制虽然比较单一，但种类版式极多，馆内还藏有会昌开元、顺天元宝等。

▲明清银锭一组

银元宝——古代作为税收上交国库

"元宝"一词起源于元朝，意为元代流通的宝货，而货币博物馆馆藏的银元宝为当时的国库藏银，其形制与一般银元宝有所不同，其上方是凹槽而不是凸起，这是为了便于堆放。当时各地缴纳上来的税收，就会铸造成这样的银元宝放在国库里。此外，民间大户人家有的也会有收藏，多半用于镇宅。馆藏的这枚银元宝重达 1 480克，也就是大约 3 斤重。

明清时期的银元宝由大到小依次分为银元宝、银锭子、银角子。如果仔细观察银元宝，就会发现其边缘有缺口，这是因为其在使用的过程中会被铰成碎银，而碎银则是当时主要用于流通的一种货币形式，这一点在不少影视剧中可以看到。而银角子上还有一圈一圈的螺纹，螺纹越细腻，则代表其成色越好，其价值也就越高。

▲第一套人民币一万元"牧马券"

第一套人民币——"史上最牛人民币"

从自然物货币到金属货币，再到纸币，货币演变史就是一个国家的政治、经济、文化和科学技术兴衰的历史缩影。人民币的前身是中央苏区、抗日革命根据地及解放区发行的货币，至今一共发行了5套。每推出新一套人民币，其印刷工艺、图案设计、防伪技术都更成熟，第五套人民币的印制技术已达到了国际先进水平，同时面额结构也根据国民经济发展和市场交易需求进行了调整。

第一套人民币于 1948 年 12 月发行，由于中国人民银行总行最早于 1948 年 11 月在河北石家庄成立，所以部分钞票的票面正面仍然为民国纪年，币上的"中国人民银行"六字由当时的华北人民政府主席董必武同志所题写。第一套人民币中最小面额为 1 元，而最大面额则为 50 000 元，这是因为当时法币还未完全停止流通，为了适应市场情况，第一套人民币中允许存在大面额纸币。

第一套人民币具有非常高的收藏和投资价值。目前，完整的第一套人民币在我国仅有十几套，而全品相的则不超过五套，每套价格在 500 万元左右。其中面额为一万元的"牧马券"单张价格就超过了180 万元，原因在于其主要是往内蒙古地区投放，发行数量少且当时的工艺有限，所以十分珍贵，被称为"史上最牛人民币"。

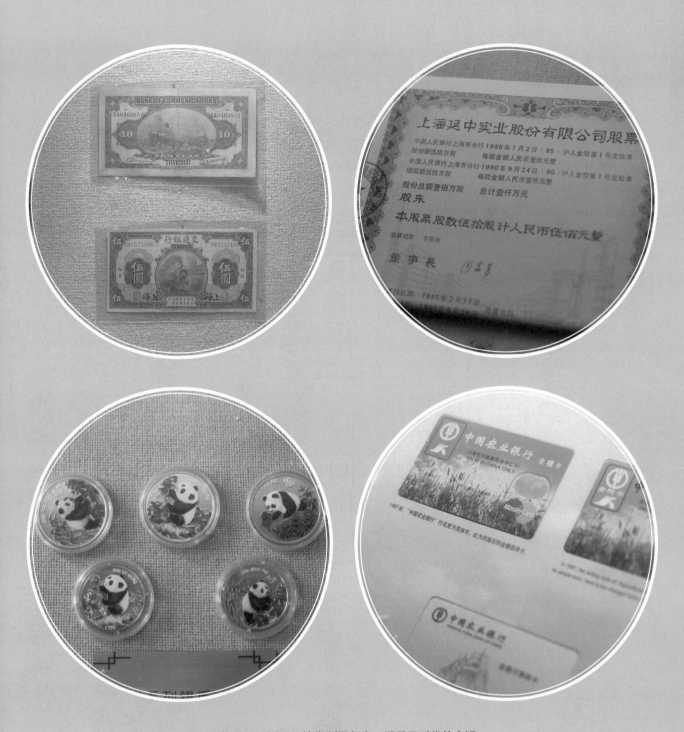

▲从硬币、纸币、债券到银行卡，记录了时代的变迁

南京近代邮政博物馆

重温金陵驿梦

民国时期的邮票长什么样？那个时候，如果寄一封信件，需要多少邮资，几天时间能够到达？在南京中山陵景区的深处，藏着一家有着多年历史的『老邮局』——南京近代邮政博物馆，在这里你也许可以找到答案。

该博物馆于2013年7月正式对外开放，为参观者集中展现了一幅全方位了解中国近代邮政风貌的全景图，同时也折射出南京邮政发展的历史沧桑巨变。

△冬雪中的民国邮政博物馆

▲ 陵园邮局匾额

"美龄宫邮局"

穿过幽静的林间小道，就能看到坐落于中山陵风景区内的南京近代邮政博物馆——独特的"八角亭"，仿古式的绿色琉璃屋顶，镶有梅花和卷草纹饰的中式柱栏，一座仿古山门式的拱门以及红墙绿瓦，让它极具民国风味。楼前有一根旗杆，上面的绿色旗帜告诉来往的过客，这就是始建于 1934 年的陵园邮局，也是该博物馆的前身。

南京近代邮政博物馆是在 1934 年 (民国 23 年) 建成的陵园邮局的遗址上修复重建而成，是全国邮政行业博物馆里唯一以历史时段命名的场馆。据了解它也是早年间为了给陵园新村的国民党达官贵人办理邮政业务而建立的专用邮局因为离美龄宫不远，当时宋美龄也经常到此邮局邮递信件，所以它还有个"美龄宫邮局"的别称。

据博物馆讲解员介绍，之所以命名为南京近代邮政博物馆，一是因为民国文化看南京，南京在民国邮政史上占有重要地位，从 1928 年开始，南京邮政总局曾统管全国邮政事务长达 9 年；二是博物馆由民国时期的老陵园邮局改建而成，其建筑本身即是民国文化的展现和传承。2012 年底，南京邮政局对陵园邮局实施修缮性保护，并按照修旧如旧的原则将其改建为南京近代邮政博物馆。

全方位展示民国邮政风貌

南京近代邮政博物馆主体建筑面积近250平方米，以历史发展为顺序，以启、始、兴、韧、难五个发展阶段，集中展示了中华民国时期邮政行业的发展风貌和历史潮汐。不同于传统的陈列馆，该博物馆以信函故事为引子，以多样化的艺术表现手段，融故事于时间、空间中，展现民国时期的时代背景、邮政特点。参观者可以徐徐深入，细细品读民国邮政的历史。

拾级而上，步入馆内，恍如进入了一个民国的时空隧道，高高的围栏内，真人大小的蜡像邮政员工正紧张地"工作"着。比肩高的邮筒、比墙而立的信箱，还原了原有的邮政形式。翔实的实物展示，详细地介绍了从清朝到中华民国北洋政府时期，再到民国各时期的邮政组织形式的发展及沿革。展厅内还有一个多媒体体验区，可以让观众"置身"于民国时期的街巷，真切体验一次邮政员工的工作内容，为参观者集中展现了一幅全方位了解民国邮政风貌的全景图。

一件珍贵的文物级古籍《中华邮政舆图》也被"放"进触摸屏，观众可以用手指"翻阅"图上各省邮政局所属邮路详尽、精确的坐标经纬图，了解到当时各省邮政管理局的局所建设规模。触摸屏旁边两台电视滚动播放的视频里，两位在邮政系统工作了40多年的"老邮政"潘安生、沈守诚正为人们娓娓讲述着中国近代邮政的点滴往事。

金陵邮政的那段峥嵘岁月

1947 年 3 月 1 日，为了方便距邮局较远的机关单位和公众交寄信件，中华邮政总局和江苏邮务管理局，在南京市区创办了汽车行动邮局，当时共有 3 辆车，博物馆所展示的照片上的，就是其中之一。

"每部车上三个职员，司机又叫局长。"潘安生在视频中说。每天，汽车行动邮局如公交车一样，逐站停靠，市民们提前在停靠处排好队，等车到来，然后寄信买邮票。不过，汇款、寄包裹仍需去普通邮局。同年，南京设置了开取赶班信筒和特种赶班信筒的摩托车邮路，赶发京沪沿线和上海经转的各地信件，邮递员们驾驶摩托，每日分六次定点开启赶班信筒。

在博物馆里，有一封贴了 12 枚邮票的老信件，由于内战时期邮运不畅，它最终被滞留在了邮局里。"此外，当时很多信件要邮寄到很远的地方，途中可能遭遇通货膨胀，当时原本是 4 万元的邮资，可能涨到了 5 万元，经过沿途站点时邮资不足，

▲民国邮政管理局证件

▲民国时期的实寄封

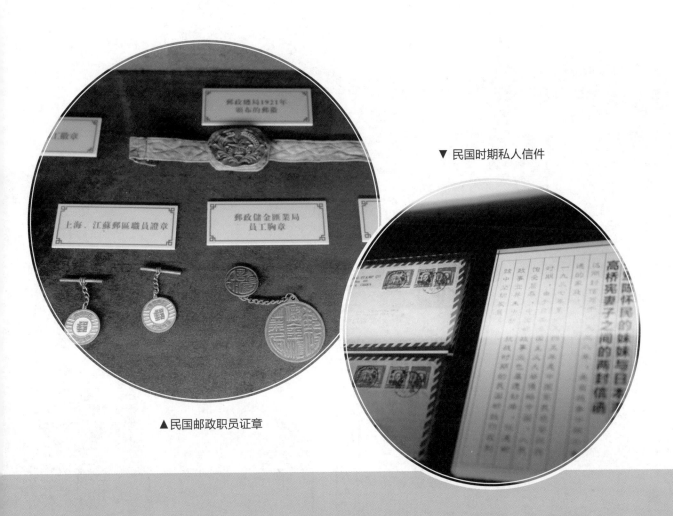

▼ 民国时期私人信件

▲ 民国邮政职员证章

又无法补缴邮费，也有可能引起信件滞留。"讲解员说。

博物馆里，还陈列着近代散文家朱自清的父亲给他的一封信。1928年，朱自清收到父亲自扬州寄来的一封家书，父亲在信中写道："我身体平安，惟膀子疼痛厉害，举箸提笔，诸多不便，大约大去之期不远矣……"看到这封家书，当年的朱自清不禁悲从中来，后来写就了耳熟能详的《背影》名篇。

唐代大诗人杜甫曾写过一句诗：烽火连三月，家书抵万金。战火连绵，一直得不到家人的消息，心里焦急思念，这时候，一封家书就能胜过万金。此时，站在博物馆内，静静思索，更加能够体会到亲情因为难得而特别珍贵。然而，现代通讯的飞速发展，让情感的传递变得特别容易，因为容易，也就没有了"家书抵万金"的感觉，不易体会到亲情的弥足珍贵。

南京税收博物馆

一段跌宕千年的华夏税收传奇

不同时期的田契、税票，不同地方的政策文件、账簿、影像资料……既记载了中国几千年来的税收历史，也见证了时代的变迁与科技文化的发展。如今，这些税收文物和史料就珍藏在南京税收博物馆内。

该馆以『传承税收历史文化，传播税收现代文明』为主题，以『串珠子』的方式，沿着税收历史文化发展为脉络，深入挖掘有浓郁地方特色的税收事件和人物。

唐朝时期茶叶也要征税

中国人的饮茶历史源远流长，然而，在唐朝以前，茶叶还是一种小众饮品，喝茶人虽有，但种茶人却寥寥无几。唐朝以后，饮茶之风逐渐兴起，茶叶需求量的增加致使其价格水涨船高。此时茶农的出现，缓解了唐朝人对于饮茶的需要。盛唐时期人们对于茶叶的需求已与米盐无异，所以这期间便出现了很多贩卖茶叶的商贩。

当时，唐朝政府发现贩茶的利润十分可观，便开始对茶贩们征收茶税。唐德宗贞元九年（793年），盐铁使张滂建议征收茶税，以增加财政收入。于是，在产茶州县的商运要道设官抽税，税率为1/10，我国历史上最早的茶税从此开征。据史料记载：唐文宗开成年间（836—840），朝廷每年收入矿冶税不过7万贯，还抵不上一个县的茶税。此后，茶税渐增，到唐宣宗时（846—859）"天下税茶，增倍贞元"，年茶税收入达80万贯，茶税已发展成为唐朝后期财政收入的一项重要来源。

茶税自唐代开征，经过宋朝的进一步发展，元、明、清三代一直沿袭下来。到民国时期，仍然征收着茶税。中华人民共和国成立后，旧茶税制度被废除，茶叶成为货物税——工商税的一个税目。1984年10月，工商税分解为产品税、增值税、营业税和盐税以后，茶叶还属产品税中的一个征税范围。

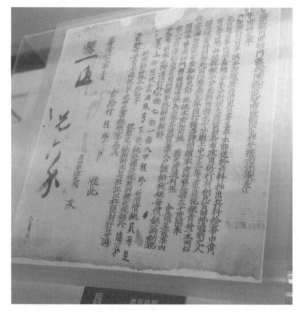

▲明代时期的卖田税契

▲战国楚错金鄂君启节（复制品）

▲ "汪氏税票"为南京税收博物馆的镇馆之宝

藏在"时代皱褶"里的税收历史

目前，南京税收博物馆内共藏有 1 800 余件珍贵文物，其中包含了 1 500 余张税票。而在这些税票中，有一组安徽汪氏家族一百多年间陆续缴纳农业税的完税凭证尤为珍贵，它不仅算得上是镇馆之宝，也是中国税收史上的典藏之宝。

在这组皱巴巴的税票中，包含清朝税票 28 张、民国税票 2 张，税票正文从右往左依次为地点、姓名、征收税款、备注、年份及编号。这组百年税票，记载着一家名为汪廷柏的花户（旧时对户口的称呼）从清道光四年至民国二十一年，陆续在徽州休宁县税务部门缴纳了 109 年的田赋。

从道光二十四年（1844 年）起，汪氏税票中的田赋在地丁银的基础上，还加征了"本色南米五合八勺"（约 0.725 斤），并逐年递增，在同治六年（1867年）达到"七合一勺"（约 0.887 斤）。不止于此，同治十一年和光绪二年，汪氏还在田赋的基础上加赋了兵米税，分别缴纳"一升二合九勺"（约 1.612斤大米）。按照清末的物价，一两银子可购买 70 多斤的大米，道光二十四年，汪氏这块田产的税赋达到了 50 斤左右的大米，同治十一年与光绪二年则达到了 55 斤的大米。而作为南方山地，那时的安徽休宁县中等田亩产最多八九斗，即最多 112 斤。根据前面的推算，这组税票的田产在一亩半到两亩之间，也就是说，这两年间，亩产田赋几乎接近亩产量的二分之一。清朝后期的田赋之高，由此可见一斑。

▲ 古代各种税赋的场景模拟

一张毕业证书里的税收乾坤

在博物馆内，还陈列着一张特殊的初中毕业证书，该证书签发于 1949 年 7 月，学校是当时的南京市立第二女子中学，现为南京市玄武高级中学梅园校区，主人名叫何亚男，是一位 16 岁的少女，正值碧玉年华。

这一段特殊的历史，定格在了这位少女的毕业证书上：毕业证书左边时间落款为中华民国三十八年七月。南京解放于 1949 年 4 月 23 日，而毕业证书在当年 7 月颁发，中华人民共和国尚未成立。南京虽然已经解放，但仍沿用中华民国纪年。在毕业证书的左下侧，有四枚蓝色"中华民国印花税票"，图案为轮船、飞机、汽车、火车等交通工具所构成的联运图，面值 50 元，每张印花税票上都加盖了三行印章——"南京市税务局改作人民券伍圆"。

毕业证书上的这4张印花税票，见证了新中国税收的起点——新中国货币的诞生，而新中国货币也在这几张小小的印花税票上留下了印痕，使其弥足珍贵。

1949年1月31日，中国人民银行通过公布《有关新币发行各种问题的答复》，将中国人民银行印发的货币统称为"人民券"，但几个月后又改称为"人民币"。相对应，"南京市税务局改作人民券★圆"的字样只存在了很短的时间，很快被"南京市税务局改作人民币★圆"代替。"人民券"这个词见证了襁褓中的新中国税收。70多年前的今天，何亚男等少男少女如期顺利毕业，成为红旗下的新南京的第一批中学毕业生，他们现在早已白发苍苍，而历史却已悄然凝结在这张薄薄的毕业证书里，向每位参观者默默诉说着那段波澜壮阔的历史。

电子税票见证税收征管变迁

改革开放留下了一批丰富的税收物件和史料。博物馆内，有一张珍贵的单据，这是1995年1月3日，原南京地税开出的第一张电子税收缴款书。电子税票的出现，结束了手工完税证的历史，也标志着我国税收征管改革迈出了关键性的一步。

在那之前，税务人员工作基本都是以手工为主。随着时代的发展，特别是电脑和网络的兴起，原来那种存在风险隐患的手工开票方式，已经不适应税收现代化发展需要了。而电子发票的使用不仅能够简化手续，还能节约纳税人成本。从"手工开票"到"电脑开票"，再到如今的"网上办税""自助办税"等，既是税收征管方式的变化，也体现着时代发展和社会进步。

在博物馆的另一侧，还有几件"稀罕物"——自行车使用税税牌与税票。难道骑自行车也要收税吗？自行车使用税税牌，可以说对于现在的年轻人来说非常陌生。1986年，我国开始征收自行车车船使用税。当年，骑自行车的市民都要购买税牌，定额缴纳一定的税款。2004年，因自行车使用税征收难度加大，聚财促发展作用弱化，自行车使用税停止征收。眼前的这些税牌与税票，可以说既是研究税收历史的依据，也是见证我国税收事业发展的重要凭证。

江苏国家安全教育馆

亲历一场「隐蔽战线」的战斗

在中国共产党艰苦而漫长的斗争历程中，相对于公开战场，还有一条神秘的隐蔽战线，这条战线斗争的成败，直接影响着革命的进程。在八一南昌起义、创建「中央特科」等重要历史事件中，它都充分发挥了独特作用，为新中国的建立立下了不朽功勋。

让我们一起走进坐落于南京雨花台景区的江苏国家安全教育馆，亲历这一场场另类的「刀光剑影」。

▲ 江苏国家安全教育馆序厅

无名英雄鲜血铸就共和国今日辉煌

　　江苏国家安全教育馆是国内首家独立成馆、以国家安全教育为主题的综合性展馆，建筑主体由中国科学院院士、东南大学建筑研究所所长齐康教授设计。

　　展馆通过史料图片展示、仿真模型、场景再现、情景互动等形式，展示了我党隐蔽战线斗争的光辉历程，彰显了无名英雄们的丰功伟绩，是以国家安全教育为主题的爱国主义教育示范基地。

　　展馆门前，特别设计了一条由时光雕刻而成的青石路，在它的上面，依次镌刻着1921、1927、1949、1983四个数字，这些里程碑意义的数字含意深刻，分别代表了建党、中央特科成立、中华人民共和国成立和国家安全部成立的年份。它向世人昭示我党隐蔽战线的历史始终与党的历史和共和国的历史相互交融，隐蔽战线无名英雄鲜为人知的业绩铸就了我党和共和国今日的辉煌。

　　"1929年10月，我党自行研制出第一部无线电收发报机，建成了我党第一个无线秘密电台""冷少农等中共隐蔽战线上的无名英雄为中央革命根据地赢得前三次反'围剿'斗争胜利作出了突出贡献""毛泽东曾说，今后革命胜利了应该给我们情报战线的无名英雄们发一个大大的奖章"……跟随着馆内讲解员的介绍，这些惊心动魄的历史时刻和在刀尖上行走的英雄们的业绩都在展览中鲜活地呈现在参观者面前。

▲ 江苏国家安全教育馆外景

▲展馆一角

堪比"007"的高科技装备

现代科技在给人们带来便利的同时，也会被利用，成为监控特定目标和刺探秘密的武器。

展厅中模拟了一个普通酒店的一角，看似平常却暗藏玄机——只要在屏幕上轻轻一点，你的形象立即在对面的电子屏上显示出来。原来，墙上挂的钟被安装了具有红外夜视功能的针孔摄像头；安在屋顶的烟雾探测器看似平常，其实已被做了"手脚"，里面有高清录音设备，可以记录房间内所有的声音。不仅如此，房间的电话也被装了窃听器，电脑里潜藏着木马程序，传真机具有自动保存功能，原本最该让人安心的碎纸机，居然具备扫描功能，文件在被绞成纸屑之前那1秒钟不到的时间里，已经被扫描并传输到别有用心的人手中。

展馆内的一个模拟橡胶人也让人见识到了无处不在的高科技装备：眼镜架内藏有微型摄像机，以及能放大远处声音的麦克风；中空的纽扣里藏有显影剂，可以密写信件；拎包中的书籍上有用化学药品写好的无痕信息，化妆包里装着假发、假皮肤材料和硅胶指纹膜；计算机实际是电台，可以加密并发送信息；手机不仅能通话，还能遥控其他人的手机，并接收数据；兜里的硬币是中空的，内藏迷你数据卡……这些装备加在一起，就是一个流动的"数据库"。

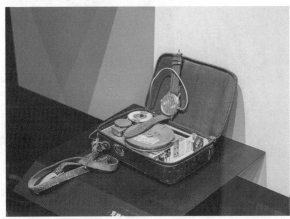

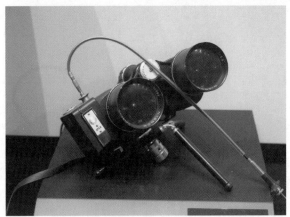

▲各类展品

南京下关历史陈列馆

龙湾古埠今胜昔

说起老的南京下关码头，老南京们可能无人不知，新南京人则不甚了解。而现在，焕然一新的老下关码头候船厅已重新开放，迎来新老南京人，当然，它已不是候船厅，而是「摇身一变」，成了展示老下关历史和新滨江风貌的地方。南京下关历史陈列馆，用以诉说老下关的历史，憧憬美好的未来。

▲南京下关历史陈列馆

于斑驳处寻找下关记忆

下关区，曾经是南京市的一个行政区域，曾是南京市的六个中心城区之一，国家东部地区重要的航运中心，华东地区重要的物资集散地。2013 年 2 月，经国务院、江苏省政府批复同意，撤销下关区、鼓楼区，以原两区所辖区域设立新的鼓楼区。

这座建于 1954 年、位于南京市大马路 21 号的下关码头候船厅虽然不是严格意义上的民国建筑，却沿袭了浓郁的民国风情。临江而建，红柱绿梁，灰墙拱门，如今这座下关老码头候船厅已经化上了新妆，三层的楼房外墙修葺一新，古色古香不失大气。通体以古朴的暗色调为主，和六根从二楼延伸到一楼的大红色柱子形成感观上的强烈对比。两根朱红色的柱子上挂着"南京下关历史陈列馆"和"南京滨江商务区规划展览馆"两个白底黑字的繁体字牌子。

进入大门，展厅的大理石地砖上篆刻着古往今来不同历史时期下关拥有的名字。背对着滔滔长江，轻喃着古老的名称，仿佛亲踏在历史长河之上，容身于下关记忆之中。

▼近代码头场景复原

▲三国神兽镜

▲东晋青瓷碗

李时珍与南京下关的历史渊源

下关，汉代始称"龙湾"，许多帝王将相、文人骚客在这里留下了诗词歌赋、传世华章。明朝洪武、永乐盛世在南京兴盛，宋濂、郑和、李时珍、汤显祖等历史名人均在下关留下了印记。

说起李时珍，自然要一提他的那本著名的《本草纲目》。这本药学著作竟然与南京渊源颇深，不仅首次出版在南京，而且李时珍还在南京下关静海寺内对其进行了补充完善。在南京市鼓楼区公布的第三批非物质文化遗产名录中，《李时珍补遗静海寺》《狮子山与祭祀坛》《卢龙山与岳飞抗金》等三部民间文学著作也位列其中。

李时珍于明万历六年（1578年）撰成《本草纲目》后，便带着手稿来到南京联系刻印出版。可当时从三山街到内桥，书坊林立，却没有一家书商愿意承印《本草纲目》。寓居在狮子山西侧静海寺内的李时珍并不灰心，带着弟子登遍南京四郊山麓采药，并将采集来的草药栽植在寺后的狮子山上，以观其变化做研究，为修改著作服务。

特别值得一提的是，当时静海寺内还种植着航海家郑和从南洋诸国带回并栽植于静海寺内的三七、芦荟、胡椒、乳香、血竭、白豆蔻等几十种花草和番药、夷果，这对李时珍来说简直是一个"宝库"，他每天都会观察和研究，一边为大量患者诊病疗伤，一边潜心著书立说。1596年，《本草纲目》终在南京首次出版。